mediação e arbitragem

O selo DIALÓGICA da Editora InterSaberes faz referência às publicações que privilegiam uma linguagem na qual o autor dialoga com o leitor por meio de recursos textuais e visuais, o que torna o conteúdo muito mais dinâmico. São livros que criam um ambiente de interação com o leitor – seu universo cultural, social e de elaboração de conhecimentos –, possibilitando um real processo de interlocução para que a comunicação se efetive.

mediação e arbitragem

Antoine Youssef Kamel

EDITORA intersaberes

Rua Clara Vendramin, 58
Mossunguê . CEP 81200-170
Curitiba . PR . Brasil
Fone: (41) 2106-4170
www.intersaberes.com
editora@editoraintersaberes.com.br

▪ Conselho editorial
Dr. Ivo José Both (presidente)
Drª. Elena Godoy
Dr. Nelson Luís Dias
Dr. Neri dos Santos
Dr. Ulf Gregor Baranow

▪ Editor-chefe
Lindsay Azambuja

▪ Editor-assistente
Ariadne Nunes Wenger

▪ Preparação de originais
Mariana Bordignon

▪ Projeto gráfico
Raphael Bernadelli

▪ Capa
Mayra Yoshizawa (*design*)
Rudchenko Liliia/Shutterstock (imagem)

▪ Diagramação
Estúdio Nótua

▪ Iconografia
Palavra Arteira

Dados Internacionais de Catalogação na Publicação (CIP)
(Câmara Brasileira do Livro, SP, Brasil)

Kamel, Antoine Youssef
  Mediação e arbitragem/Antoine Youssef Kamel.
Curitiba: InterSaberes, 2017.

  Bibliografia.
  ISBN 978-85-5972-572-8

  1. Arbitragem (Direito) – Brasil 2. Mediação – Brasil
I. Título.

17-10040   CDU-347.918 (81)

Índices para catálogo sistemático:
1. Brasil: Arbitragem e mediação:
Direito processual civil 347.918 (81)

EDITORA AFILIADA

1ª edição, 2017.

Foi feito o depósito legal.

Informamos que é de inteira responsabilidade do autor a emissão de conceitos.

Nenhuma parte desta publicação poderá ser reproduzida por qualquer meio ou forma sem a prévia autorização da Editora InterSaberes.

A violação dos direitos autorais é crime estabelecido na Lei n. 9.610/1998 e punido pelo art. 184 do Código Penal.

apresentação 7

como aproveitar ao máximo este livro 11

introdução 15

Capítulo 1 **Conflitos e negociação - 17**

1.1 Resolução de conflitos - 18
1.2 Autocomposição no processo civil brasileiro - 23
1.3 Respostas ao conflito - 27
1.4 Introdução à negociação - 29
1.5 Negociação baseada em interesse × negociação baseada em posição - 34
1.6 Técnicas de negociação - 40
1.7 Falhas comuns na negociação e modo de evitá-las - 47

Capítulo 2 **Mediação - 69**

2.1 Mediação na solução de conflito - 70
2.2 Princípios da mediação - 72

2.3 Objeto da mediação - 77
2.4 Partes e mediador - 80
2.5 Procedimento de mediação - 90
2.6 Posição das partes - 109
2.7 Recontextualização - 112

Capítulo 3 **Arbitragem - 125**

3.1 A arbitragem na resolução de conflitos - 126
3.2 Árbitro - 129
3.3 Relação da arbitragem com o Poder Judiciário - 136
3.4 Procedimento arbitral - 143
3.5 Sentença arbitral - 155
3.6 Ética na arbitragem - 165

para concluir... 181

referências 185

respostas 193

sobre o autor 203

Quando buscamos conhecer os meios de resolver conflitos, as referências de estudo que encontramos são normalmente de duas espécies: textos jurídicos – fundamentados na legislação e de linguagem rebuscada, incompreensíveis para o público não formado em direito – ou textos da área de administração – muito longos, dificultando uma apreensão unitária do conteúdo, ou também muito técnicos, dificultando a aplicação dos conceitos apresentados.

Procurando unir essas duas abordagens, esta obra – dividida em apenas três capítulos – se propõe a servir de introdução à resolução alternativa de conflitos pela mediação e pela arbitragem.

No Capítulo 1, apresentamos as noções sobre o conflito e o processo de negociação. Abordamos as formas de gerar um conflito, a partir da incompatibilidade real ou aparente de interesses, e o modo de tratá-lo diretamente entre as partes por meio da negociação. São vistos, neste capítulo, entre outros temas: as possíveis respostas ao conflito, a valorização da autocomposição no processo civil brasileiro e as etapas e técnicas de negociação. Uma das maneiras de entrar em um acordo é pela negociação direta, que envolve apenas as duas partes, porém, por vezes, é indicado que uma terceira pessoa facilite essa aproximação.

apresentação

Por isso, no Capítulo 2, entramos na mediação, a qual não prescinde dos conhecimentos da negociação. A mediação é uma alternativa de solução de conflitos que envolve a participação de um terceiro, para facilitar o diálogo e a aproximação entre as partes. Para tratar do tema, são apresentados alguns princípios, quem pode ser mediador, os conflitos que podem ser resolvidos com essa solução e as etapas de uma mediação. Discorremos sobre como ela funciona, sendo em um processo judicial ou não.

Por fim, o Capítulo 3 é voltado à arbitragem outro meio de solução de conflitos que, como a mediação, envolve uma terceira pessoa, externa ao conflito. Porém, ao contrário do que ocorre na mediação, o terceiro na arbitragem é uma pessoa com poder de decisão, que julgará o conflito entre as partes. Portanto, a arbitragem é um meio alternativo e heterocompositivo de solução de conflitos, com um procedimento parecido com o de um processo judicial, uma vez que tem decisão dada por um terceiro. Entre os tópicos do capítulo, vemos a figura do árbitro (quem pode ser árbitro, seus deveres), a relação da arbitragem com o Poder Judiciário e o procedimento arbitral até sua sentença.

Nosso estudo se dará principalmente com base na legislação, uma vez que o assunto é eminentemente legal e merece ser conhecido em suas normativas. Além de estudar esta obra, recomendamos a consulta à Lei da Mediação e à Lei da Arbitragem na íntegra, disponíveis na internet. Vale a pena dar uma lida nelas e, ainda, fazer uma leitura mais concentrada dos pontos mais importantes, isto é, aqueles que tratam dos temas mais básicos de cada instituto e aqueles que serão tratados no corpo desta obra.

Unindo, nesta obra, a abordagem conceitual e alguns exemplos, esperamos incitar você a desenvolver uma postura ativa em relação ao conhecimento adquirido.

Cidadãos que buscam esse conhecimento e também aqueles que atuam profissionalmente nesses campos se beneficiarão desta obra. Esperamos que ela auxilie profissionais e futuros profissionais dos diversos campos do saber e demais interessados no conhecimento do tema.

Este livro traz alguns recursos que visam enriquecer o seu aprendizado, facilitar a compreensão dos conteúdos e tornar a leitura mais dinâmica. São ferramentas projetadas de acordo com a natureza dos temas que vamos examinar. Veja a seguir como esses recursos se encontram distribuídos no decorrer desta obra.

como aproveitar ao máximo este livro

Conteúdos do capítulo:

Logo na abertura do capítulo, você fica conhecendo os conteúdos que nele serão abordados.

Após o estudo deste capítulo, você será capaz de:

Você também é informado a respeito das competências que irá desenvolver e dos conhecimentos que irá adquirir com o estudo do capítulo.

Para saber mais

Você pode consultar as obras indicadas nesta seção para aprofundar sua aprendizagem.

Síntese

Você dispõe, ao final do capítulo, de uma síntese que traz os principais conceitos nele abordados.

Questões para revisão

Com estas atividades, você tem a possibilidade de rever os principais conceitos analisados. Ao final do livro, o autor disponibiliza as respostas às questões, a fim de que você possa verificar como está sua aprendizagem.

d. A obtenção de informações.
e. A ancoragem.

4) Mãe e filha estão com problemas familiares gravíssimos, há muito tempo emocionais e, agora, atingindo também questões financeiras, com acusação de furto por parte da mãe. A mãe, que procurou o auxílio de um mediador, começou contando o que a levou ali. Depois que a mãe contou seus medos e suas desconfianças, o mediador olhou para a filha e sua primeira pergunta a ela foi: "Está certa essa sua maneira de tratar a sua mãe?". A atitude do mediador está correta? Por quê?

5) Uma das características da mediação é o sigilo do que é dito e apresentado durante o procedimento. Via de regra, o que é dito na mediação não pode ser levado ao conhecimento de outras pessoas, e isso traz segurança às partes para aderirem a uma comunicação aberta. Porém, há casos nos quais aquilo que é dito não é confidencial. Quais são esses casos?

Questões para reflexão

1) Para estabelecer o rapport, o mediador se vale de diversas técnicas, separadamente ou em conjunto. Apenas algumas foram tratadas aqui, como a escuta ativa e a paráfrase. Pesquise outras e os nomes adotados, como caucus. Recomendamos, para isso, a leitura de um artigo de Lilia Sales, pós-doutora com formação em mediação de conflitos na Universidade de Harvard, em coautoria com a mestre em direito Mara Damasceno, "Mediação, suas técnicas e o encontro dos conflitos reais: estudo de casos" (Sales; Damasceno, 2014), disponível na internet.

Questões para reflexão

Nesta seção, a proposta é levá-lo a refletir criticamente sobre alguns assuntos e trocar ideias e experiências com seus pares.

Estudo de caso

Esta seção traz ao seu conhecimento situações que vão aproximar os conteúdos estudados de sua prática profissional.

Estudo de caso
Litígio imobiliário

Adamásio, um argentino, locou um imóvel para fixar residência no Brasil, no estado de Santa Catarina. Aproveitou e ali também utilizaria como escritório, no seu trabalho de intermediar a negociação de jogadores entre times de futebol. O aluguel era de R$ 8.000,00 mensais.

Adamásio tentou alugar direto com o proprietário, para que fosse mais barato e, principalmente, porque imaginava que, caso ficasse inadimplente, teria menos problemas sem o envolvimento de toda a estrutura e experiência de uma imobiliária. O proprietário não aceitou, portanto o aluguel foi feito por meio de uma imobiliária.

Como Adamásio já esperava, ficou sem dinheiro – seu negócio nunca foi próspero – e começou a atrasar os aluguéis. Ele não lembrava que o contrato de aluguel previa que qualquer disputa oriunda do contrato ou a ele relacionados seria resolvida pela arbitragem. Em dois meses, recebeu uma intimação para resolver a questão em uma câmara arbitral. O procedimento tramitou rapidamente e, em pouco tempo, foi condenado a deixar o imóvel e a pagar as prestações atrasadas, incluindo os custos com a arbitragem.

A imobiliária poderia ter recorrido à arbitragem para resolver o conflito? Ou a cláusula de arbitragem não é válida?

Em uma situação na qual uma pessoa não concorda com outra sobre os direitos que as envolvem, o que podem fazer? Vamos pensar mais concretamente. Imagine a seguinte situação: Pedro e João colidiram seus veículos em via pública; em outras palavras, temos aqui um acidente de trânsito. Pedro crê que a culpa é de João, João jura que a culpa é de Pedro, e não chegam a lugar nenhum. Que solução você proporia?

Você pode ter pensado nestas soluções: cada um arca com o próprio prejuízo ou rateiam o prejuízo por igual, metade-metade, ou, ainda, é uma questão de provar, por testemunhas, câmeras ou outros meios, quem estava errado para que pague o valor devido àquele que tiver razão. Todas são soluções possíveis, entre outras que podemos imaginar, mas chegar a elas não é tão simples.

É fácil pensar em soluções. Algumas são mais complexas, outras são mais simples, mas qualquer uma pode ser aceita, depende de como ela é oferecida. Este livro não é sobre soluções, é sobre como chegar a elas.

Mediação e arbitragem são dois instrumentos bastante distintos para resolver casos, mas têm em comum o fato de serem meios de solução de controvérsias, por isso estudaremos como são aplicados nessa busca por soluções.

introdução

I

Conteúdos do capítulo:

» Noções gerais sobre conflitos.
» Resolução de conflitos no ordenamento jurídico brasileiro: preferência pela autocomposição.
» Respostas ao conflito: competição, colaboração, compromisso e evitação.
» Etapas da negociação: da preparação à negociação.
» Técnicas de comunicação: ancoragem e contra-ancoragem, Maana, preço-alvo, valor de reserva e zona de possível acordo.

Após o estudo deste capítulo, você será capaz de:

1. entender como o ordenamento jurídico brasileiro trata a resolução de conflitos;
2. compreender as formas possíveis de lidar com um conflito;
3. diferenciar a negociação baseada em interesse da negociação baseada em posição;
4. avaliar as oportunidades de uso das técnicas de negociação;
5. reconhecer e, assim, evitar falhas comuns na negociação.

Conflitos e negociação

1.1 Resolução de conflitos

Conflitos surgem quando duas ou mais pessoas "têm razão" sobre determinado assunto, mas a razão de cada uma é diferente. Você já presenciou um caso de conflito em sua vida? Ou melhor, já sentiu na pele um conflito? Se consegue ler este livro, é bem provável que tenha idade e experiência suficientes para isso, queremos dizer, a vida já lhe deu muitas oportunidades de conflitar. Como você lidou com os conflitos pelos quais passou?

Não precisa responder agora. Deixe essa pergunta acompanhá-lo na leitura deste livro para descobrir se agiu da melhor maneira ou se algumas coisas poderiam ter sido diferentes.

> **Conflito** pode ser definido como uma situação "em que duas ou mais pessoas divergem em razão de metas, interesses ou objetivos individuais percebidos como mutuamente incompatíveis" (Azevedo, 2015, p. 43).

Quando os envolvidos no conflito não conseguem chegar a uma solução por si próprios, mediante a negociação, há diversos caminhos que podem adotar:

» provar que estão com a razão à força, com violência, ou seja, exercer a justiça com as próprias mãos;
» esquecer o conflito, seja pelo perdão, seja guardando o amargor de uma situação não resolvida;
» levar o caso para a resolução por um terceiro, normalmente o Poder Judiciário; o juiz terá o poder de decisão se, durante o processo, as partes não entrarem um acordo.

Alguns desses métodos, é claro, não resolvem o conflito, enquanto outros, pior do que isso, são ilegais. Vamos deixar claro que a primeira opção – exercer a justiça com as próprias mãos – é crime previsto no art. 345 do Código Penal, com o nome de "Exercício arbitrário das próprias razões" (Brasil, 1940).

Como, então, os envolvidos podem resolver um conflito? Dessa mesma forma que você pensou! Ou entram em um acordo, pela negociação mediante o emprego de técnicas que facilitem o consenso, ou submetem o caso para um terceiro, que vai solucioná-lo (um juiz ou árbitro).

Se o conflito estiver submetido ao Poder Judiciário, temos um processo, também chamado de *lide*. De lide vem a palavra *litigar*, que significa estar envolvido em uma disputa judicial. E, na lide, quem litiga são os litigantes. Palavras, a princípio, complicadas, mas todas oriundas da simples palavra *lide*.

Quando o caso não é levado a um juiz, mas é resolvido de outro modo, temos a resolução alternativa de conflitos (RAC). Conforme ensina Roberto Portugal Bacellar, "Consagrou-se a utilização da sigla *ADR* a indicar resolução alternativa de disputas (*Alternative Dispute Resolution*) como a que emprega a negociação, a mediação e a arbitragem fora do âmbito do sistema oficial de resolução de disputas" (Bacellar, 2012, seção II, capítulo I, grifos do original).

Não há nada mais simples do que propor que ele seja resolvido por acordo entre as partes; no entanto, poucas coisas são tão complexas quanto efetivamente resolver um conflito desse modo. Há uma tendência no Brasil de que os conflitos sejam resolvidos pelo Poder Judiciário, no que se convencionou chamar de *cultura do litígio* (Bacellar, 2016), impulsionada pelo amplo acesso à justiça, uma vez que temos um grande número de litígios decididos pelo Estado. Nesse modelo, que se pauta pelo método adversarial, com "soluções impostas, heterocompositivas", há "um tratamento apenas superficial da conflituosidade social. Dirimem-se controvérsias, mas nem sempre se resolvem os conflitos" (Bacellar, 2016, p. 247).

Tem-se a noção – em parte, verdadeira – de que fazer um acordo implica abrir mão de algum direito que se tenha ou que se pense ter, o que quase sempre é verdade. Acordar é chegar a uma solução razoável para todos os envolvidos. Tem-se, ainda, a falsa ideia de que propor uma negociação significa reconhecer que não se tem razão, e por isso se quer buscar um acordo. Nada mais falso.

Os meios de solução de conflitos, em especial os meios alternativos, isto é, que não contam com o Poder Judiciário, auxiliam na pacificação em uma cultura que, em muitos casos, não aprendeu a conviver harmoniosamente, em uma sociedade que é legitimamente uma proliferadora de espirais de conflitos.

Você sabe o que são *espirais de conflito*? Imagine o seguinte caso, não muito distante da realidade:

> André e Fernando são dois jogadores profissionais de hóquei. Numa época fria de abril, a equipe pela qual disputam, Liga do Gelo, estava empatada com os favoritos da noite, a Maciça. Faltando um minuto para o fim, o árbitro marcou um pênalti a favor da Liga do Gelo. André quer cobrar o pênalti, mas Fernando argumenta com o técnico que ele é quem deve cobrar, pois é melhor do que André.
>
> André fica aborrecido e diz que já está no time há seis anos e, por isso, merece mais respeito. Fernando reconhece que é, sim, mais novo na equipe, mas treinou no exterior. André, agressivo, tira as luvas e convida seu companheiro de time para ver quem merece mais respeito. Fernando convoca seus amigos mais próximos, que estavam no banco de reservas, para cercar André e lhe proferem impropérios. Fernando pede ajuda de outros colegas de time, que jogam água em André. André responde com empurrões em todos, gritando de raiva... Não fosse o técnico intervir, esse conflito acabaria muito mal.

Esse modo de entender o conflito é chamado *espiral de conflito*. Nessa espiral, em que o conflito evolui e se agrava, por vezes, não interessa mais o conflito inicial (no caso, quem vai cobrar o pênalti), mas os novos que se desenvolvem a partir de diferentes questões.

As espirais de conflito são uma teoria sustentada por alguns autores, como Rubin e Kriesberg, conforme indica o *Manual de mediação judicial* do Conselho Nacional de Justiça (CNJ). Segundo essa teoria, "Cada reação torna-se mais severa do que a ação que a precedeu e cria uma nova questão ou ponto de disputa" (Azevedo, 2015, p. 48). Ela sugere que, "com esse crescimento (ou escalada) do conflito, as suas causas originárias progressivamente tornam-se secundárias a partir do momento em que os envolvidos mostram-se mais preocupados em responder a uma ação que imediatamente antecedeu sua reação" (Azevedo, 2015, p. 48).

E é sempre assim, ou quase sempre. Como regra, as pessoas hoje envolvidas em conflitos ou em sua solução, tanto mediadores como partes e advogados, não foram estimuladas desde a infância a interagir de forma cooperativa. Pelo contrário, o estímulo, como regra, direciona-se à competição.

Até mesmo na escola são feitas brincadeiras pedagógicas que estimulam o aprendizado por meio da competição – por exemplo, turma A contra turma B na escola; escola A contra escola B nas gincanas interescolares, com prêmio para o primeiro lugar; meninas contra meninos; entre outras situações de dissociação que, mesmo com boas intenções e propósitos, tendem a criar divisão e disputa no modelo ganha-perde. De igual modo, o entretenimento raramente ocorre de forma cooperativa: futebol, basquete, vôlei, natação e as principais atividades recreativas são conduzidos de forma competitiva. Como raros exemplos de jogos cooperativos destacamos o frescobol e o *frisbee*. Não, o projeto lúdico das atividades de lazer não serve de justificativa para a conflituosidade atual, mas ajuda a mostrar qual é o modelo de jogos que chama a atenção das pessoas.

Sobre a litigiosidade no Brasil, temos um número alarmante trazido por Simone de Almeida Bastos (2014): em São Paulo, há oito vezes mais advogados do que no Japão, país que tem uma população três vezes maior do que o estado brasileiro. Diz a autora, com dados de 2010:

> *O Brasil disputa com os Estados Unidos a liderança mundial em quantidade de profissionais do Direito a cada 100 mil habitantes.*
> *Em 2010 [...], a pesquisa revelou os seguintes dados:*
> » *Os Estados Unidos estavam em primeiro lugar, com 372 advogados por 100 mil habitantes;*
> » *O Brasil aparecia em segundo lugar, com 357 advogados por 100 mil;*
> » *A Índia, segundo lugar em número absoluto de advogados num total de 1,1 milhão de profissionais, tinha uma concentração relativamente pequena no critério por cem mil: apenas 90 advogados.* (Bastos, 2014, p. 16)

Em 2016, uma nova pesquisa constatou que o Brasil chegou a um milhão de advogados. Assim, considerando a população total de 206 milhões de habitantes projetada pelo Instituto Brasileiro de Geografia e Estatística (IBGE) para o ano, há um advogado para cada 205 habitantes (0,5% da população tem essa formação) (Total de..., 2016).

Hoje, o conflito é visto de forma positiva e deve ser tratado de forma positiva. Os conflitos podem proporcionar bons resultados e ensejar mudanças para melhor. A resolução alternativa de conflitos é bastante comum no Japão, por exemplo, mais do que em outros lugares, porque é um comportamento enraizado na cultura desse país. Marcelo Nobre (2015, p. 257) diz que:

no século XVII, o Japão já resolvia seus conflitos por meio da chamada conciliação didática que tinha como princípio a obrigatoriedade da conciliação com o fim de educar para a pacificação harmônica. Porém, hoje, o Japão adota o princípio da conciliação da voluntariedade das partes para resolução pacífica de seus conflitos.

Já disse o filósofo Confúcio (551 a.C.-479 a.C.) (citado por Redyson, 2013) que os homens podem ter paz uns com os outros pelo desejo de fazer o bem; segundo o mesmo autor, uma das virtudes do homem é, "para Confúcio, amar toda a humanidade, amando a humanidade amo o homem que está em cada homem, dessa forma amo o próprio amor que gerou o homem" (Redyson, 2013, p. 71). Essa doutrina transbordou da China, onde nasceu Confúcio, para também criar adeptos em Cingapura, Coreia do Sul e Japão, locais em que o filósofo influenciou de algum modo uma cultura pacifista (Silva, 2017).

1.2 Autocomposição no processo civil brasileiro

Você conhece o Código de Processo Civil (CPC)? Ele é a norma que indica como os processos judiciais devem acontecer no Brasil. Uma das disposições dessa lei é que, mesmo que haja um processo, as partes envolvidas devem ser estimuladas a resolver o problema por si mesmas, de maneira consensual. Veja o que o CPC (Brasil, 2015a) diz:

"A conciliação, a mediação e outros métodos de solução consensual de conflitos deverão ser estimulados por juízes, advogados, defensores públicos e membros do Ministério Público, inclusive no curso do processo judicial." (art. 3º, §3º).

No processo civil brasileiro, a **autocomposição** é a regra. Segundo os dicionários, *autocomposição* vem de *auto*, "próprio" + *composição*, "unir", "estruturar", "reconciliar". Portanto, autocompor é obter a solução dentro do conflito, ou seja, com os próprios envolvidos.

Há duas razões que tornam o caminho da autocomposição tão positivo para os envolvidos: em primeiro lugar, é mais rápido do que esperar uma decisão de outrem. Em segundo lugar, quando as partes chegam a uma solução por si mesmas, elas tendem a valorizá-la e a respeitá-la mais do que uma decisão trazida de fora.

Para o Poder Judiciário, tão abarrotado de trabalho, a autocomposição representa um processo a menos para julgar.

No CPC, prevê-se a solução por autocomposição de duas maneiras: conciliação e mediação. Na conciliação, uma terceira pessoa, alheia ao conflito, medeia a comunicação entre as partes e pode propor soluções às partes. Na mediação, há uma terceira pessoa, mas que apenas aproxima as partes por sua presença e atitude a fim de que cheguem a um acordo, não podendo sugerir um modo de resolver. Ambos são métodos autocompositivos porque são as partes que têm a palavra final e autonomia para decidir o conflito: se um não quiser, não haverá acordo.

Quando se deve utilizar uma delas e quando utilizar a outra? O próprio CPC, em seu art. 165, parágrafos 2º e 3º, traz a seguinte preferência:

> Art. 165. Os tribunais criarão centros judiciários de solução consensual de conflitos, responsáveis pela realização de sessões e audiências de conciliação e mediação e pelo desenvolvimento de programas destinados a auxiliar, orientar e estimular a autocomposição.
> [...]

> §2º O conciliador, que atuará preferencialmente nos casos em que não houver vínculo anterior entre as partes, poderá sugerir soluções para o litígio, sendo vedada a utilização de qualquer tipo de constrangimento ou intimidação para que as partes conciliem.
>
> §3º O mediador, que atuará preferencialmente nos casos em que houver vínculo anterior entre as partes, auxiliará aos interessados a compreender as questões e os interesses em conflito, de modo que eles possam, pelo restabelecimento da comunicação, identificar, por si próprios, soluções consensuais que gerem benefícios mútuos. (Brasil, 2015a)

Tanto a conciliação quanto a mediação são informadas pelos princípios da independência, da imparcialidade, da autonomia da vontade, da confidencialidade, da oralidade, da informalidade e da decisão informada, conforme o art. 166 do CPC, os quais estudaremos no capítulo sobre a mediação.

Uma vez que o objetivo maior é a resolução dos conflitos, às partes deve ser possível negociar de maneira ampla, tanto a escolha do método a ser utilizado quanto as normas que regerão os meios para a solução. Por isso a mediação e a conciliação são regidas conforme a livre autonomia dos interessados, que têm liberdade de definir as regras procedimentais. Isso é afirmado na letra da lei, no art. 166, parágrafo 4º, do CPC. Essa é a regra, inclusive, no próprio procedimento judicial, em que, segundo o CPC (art. 190), as partes podem estipular seus ônus, seus poderes, suas faculdades e seus deveres processuais, antes ou durante o processo.

Segundo Bacellar (2016, p. 411), o ideal na resolução de conflitos é que as partes cheguem à paz por elas mesmas, sem intervenção do Judiciário:

A pacificação social é o princípio implícito e resultado que se almeja quando se procura o Poder Judiciário; ela implica o valor justiça. O ideal é que a pacificação seja alcançada diretamente pelas partes sem intervenção do Estado; quando isso não é possível, o próprio Poder Judiciário deve estimular a negociação, a conciliação e a mediação e, se ainda assim não houver uma solução, aí sim será necessária a aplicação de uma das vertentes do "realizar justiça", que ocorre pela atividade final do juiz no processo – a sentença (a decisão da causa).

Uma vez que a autocomposição deve ser o ponto de partida da solução de conflitos, a Lei da Mediação, em seu art. 24, dispõe que "Os tribunais criarão centros judiciários de solução consensual de conflitos, responsáveis pela realização de sessões e audiências de conciliação e mediação, pré-processuais e processuais, e pelo desenvolvimento de programas destinados a auxiliar, orientar e estimular a autocomposição" (Brasil, 2015b). Os centros judiciários de solução consensual de conflitos, que podem assumir nomes diferentes em cada estado da federação, ao empregarem o termo *judicial*, dizem que são integrantes da estrutura do tribunal, mas não atuam apenas nos processos; nesses centros, realizam-se audiências de conciliação e de mediação mesmo em casos que não se tornaram processos judiciais (o que a lei chama de *audiências pré-processuais*).

A autocomposição não tem estritamente um ou mais métodos, mas pode se dar de diversas maneiras. Os modos mais comuns de autocomposição são a *negociação direta* (em que as partes, por si mesmas, tentam resolver o conflito), a *mediação* (em que um terceiro facilita a comunicação entre as partes) e a *conciliação* (em que um terceiro aproxima as partes e pode propor soluções para o caso). Porém, é possível utilizar outras ferramentas, porque o CPC dá essa liberdade. Conforme o art. 3º, parágrafo 3º, "A conciliação, a mediação e **outros métodos** de solução consensual de conflitos deverão ser estimulados [...]" (Brasil, 2015a, grifo nosso). Com o maior conhecimento de métodos alternativos de solução de conflitos, perde força o modelo adversarial, que é preponderante no Brasil.

1.3 Respostas ao conflito

Há, pelo menos, duas correntes quanto à mentalidade do homem na sociedade: a primeira é a de que ele pode viver em harmonia; a segunda é a de que o homem, na sociedade, é predisposto à conflituosidade constante, sem solução. Vejamos as duas.

Thomas Hobbes (1588-1679) pensava que o homem não nascia disposto para a vida em sociedade; na verdade, por uma disposição natural tendente à destruição de seu próximo para benefício próprio, o homem seria o maior inimigo do homem (e daí o fato de ter popularizado um dito mais antigo, de que "o homem é o lobo do homem"). Hobbes dizia que o egoísmo e a autopreservação regiam a natureza humana. Essa visão vê o homem como incapaz de, por sua natureza, viver em sociedade, a qual depende, portanto, de uma autoridade central, relativamente autoritária, para garantir paz e segurança ("O homem..., 2016).

Morton Deutsch foi um reconhecido psicólogo, um estudioso dos conflitos humanos e da mediação. Para ele, não poderia ser aceita a tese de que o ser humano é agressivo, competitivo e egoísta por natureza. Pelo contrário, Deutsch acredita que, com o passar dos anos e o desenvolvimento da raça humana, o homem se tornou mais adaptável, pronto a assimilar novos conceitos e a moldar a si mesmo, suas habilidades e modo de pensar, pela aprendizagem, pela convivência e pelo ambiente em que vive (Frydenberg, 2005). Dessa maneira, a resposta ao conflito não é sempre combativa, negativa, mas pode ser desenvolvida de mais de uma forma.

Entendendo-se o conflito como uma oportunidade, uma vez que ele seja instaurado, há quatro meios de responder a ele, de acordo com Nascimento et al. (2007):

1. **Por competição**: busca-se a vitória, na concepção de que há sempre um ganhador e um perdedor.
2. **Por colaboração**: nesse modo, o princípio é a cooperação entre os indivíduos. Ganha-se menos com o intuito de que todos ganhem. Corresponde à lógica de que todos são ganhadores.

A maioria dos conflitos se resolve por competição ou colaboração, que são as duas principais estratégias (Raider; Coleman; Gerson, 2006).

3. **Por compromisso**: a lógica desse modo é estabelecer compromissos para que, ao se perder algo, ganhe-se alguma coisa. É comum nas questões que envolvem negociação de greve e ocupação de terreno e pode-se pensar nessa lógica também na negociação de reféns.
4. **Por evitação**: nesse modo de resposta, evita-se o conflito a qualquer custo. O ato de evitar pode ter efeitos positivos ou negativos. O efeito é negativo quando o ato de evitar acompanha a desesperança diante da situação colocada. "A desistência aparece como uma justificativa passiva diante do conflito. O efeito é positivo quando se observa risco à vida de algum dos envolvidos. Nesses casos, o ideal é aguardar um cenário mais propício para exposição dos interesses, o que pode acontecer em uma delegacia [...]" (Nascimento et al., 2007, p. 14), no Poder Judiciário ou, quando os ânimos estiverem arrefecidos, mesmo em uma mesa de mediação.

A maneira de cada pessoa reagir ao conflito, mais do que o conflito considerado em si mesmo, é que determinará se ele é positivo ou negativo (Raider; Coleman; Gerson, 2006).

Ressaltamos que as "as intenções estratégicas das pessoas não são imutáveis. Durante um conflito, as estratégias podem mudar se as partes conseguiram compreender o ponto de vista do outro ou quanto respondem emotivamente ao comportamento do outro." (Robbins; Judge; Sobral, 2010, p. 442-443). No entanto, conforme consta em Robbins, Judge e Sobral (2010), pesquisas indicam que a estratégia usada por uma pessoa tende a se manter ao longo do tempo durante os conflitos que ela tem em sua vida.

1.4 Introdução à negociação

A negociação é um modo de responder ao conflito que se enquadra no que Nascimento et al. (2007) classificaram como *compromisso*: as partes se comprometem com uma solução e, nessa decisão, normalmente, cedem um pouco em relação a seus objetivos iniciais.

Vejamos uma definição rápida de negociação para começar a tratar do assunto: "Negociação é um processo de comunicação bilateral, com o objetivo de se chegar a uma decisão conjunta" (Fischer; Ury; Patton, 2005, p. 50).

A negociação pode ser distributiva ou integrativa. Será **distributiva** quando a obtenção de melhor acordo por uma parte inexoravelmente representará um pior acordo à outra. Negociações de preço são distributivas por excelência: quanto maior o preço pelo qual se consiga vender, melhor para o vendedor, pior para quem adquire.

É **integrativa** a negociação que se pauta pelo resultado ideal para ambas as partes. Por exemplo, uma questão familiar: quando as partes têm um relacionamento por longo tempo, prezam por mantê-lo, e a negociação irá por esse caminho. Digamos que Elias emprestou dinheiro a Romualdo para o financiamento de uma motocicleta. Além de emprestar dinheiro, emprestou seu nome à financeira, por ter registro de emprego na Carteira de Trabalho e Previdência Social.

Agora, Elias está com o nome "sujo na praça", como se diz, e sem dinheiro. Sendo qualquer outra pessoa, Elias iria à justiça exigir reparação por todo o dano causado, além de compensação por danos morais. Porém, em se tratando de seu cunhado, ao se sentarem para resolver amigavelmente a situação, Elias estará disposto a exercitar sua paciência e aceitará um prazo maior para receber o dinheiro ou uma parte dele, parceladamente, e ter o nome limpo. A negociação, aqui caracterizada por ser integrativa, buscará o melhor para todos, dentro das possibilidades de cada um; ainda que não seja estritamente justa sob certo ponto de vista, será desejável pelo resultado de longo prazo que proporcionará: extinção do conflito e relação pacífica.

Mesmo que a questão de fundo leve a uma negociação distributiva, as partes podem adotar uma postura integrativa, com vistas à satisfação mútua, prevendo relações futuras e prezando por um relacionamento duradouro.

Com a litigiosidade que caracteriza o povo brasileiro, consoante já vimos, é natural que se busque a negociação distributiva, sempre visando à maior vantagem pessoal, independentemente do que ela represente em termos de perda para a outra parte.

Agora, vamos a outro conceito de negociação: "Negociação é o processo de alcançar objetivos por meio de um acordo nas situações em que existam interesses comuns, complementares e opostos, isto é, conflitos, divergências e antagonismos de interesse, ideias e posições" (Wanderley, 1998, p. 21).

Ao falarmos em processo, como diz o conceito, temos clara a noção de mais de um ato envolvido. Mais especificamente, um processo é uma sequência de atos encadeados que almejam um fim. Como a negociação não é apenas um fato ou ato, mas sim um **processo**, significa que conta com algumas etapas relacionadas. Vamos conhecê-las a seguir.

1.4.1 Etapas da negociação

Quando falamos em negociação, a primeira ideia que pode surgir é a de duas ou mais pessoas ao redor de uma mesa tratando de algum acordo comercial ou resolvendo um conflito.

Antes de as partes se encontrarem nessa posição, algumas etapas foram cumpridas. Por exemplo, a preparação das propostas a serem apresentadas; a escolha do ambiente em que ocorre o encontro negocial e a definição de sua organização; se houver um terceiro, a escolha de quem será o mediador ou conciliador; em caso de necessidade, a contratação de advogado para delinear estratégias e acompanhar o ato de negociar.

Portanto, embora a negociação pareça ser um momento único – aquele em que as partes se encontram e discutem suas propostas –, ela tem outros momentos, e podemos pensá-la em etapas. Miranda (2017, grifo nosso) a divide em seis etapas e dá dicas sobre o comportamento em cada uma delas:

» ***Preparação:*** *Pesquise o mercado, as características da outra parte, sua cultura, suas opiniões, seu tempo, sua agenda, seus interesses, sua melhor alternativa, o local da(s) reunião(ões);*

» ***Abertura:*** *não se atrase, seja amistoso, sorria, cumprimente as pessoas, procure não rotular, dance conforme a música, alivie a tensão, reparta o pão, nunca force a barra, seja natural...*

» ***Exploração:*** *confirme e/ou perceba os interesses, as necessidades, as expectativas e, se possível, as verdadeiras intenções da outra parte;*

» ***Apresentação:*** *a arte da apresentação pressupõe demonstrar aquilo que interessa à outra parte para tal* *a prática da escuta com atenção é de grande importância e sinal de interesse;*

» **Esclarecimentos:** *[...] certifique-se se houve entendimento de sua apresentação fazendo perguntas e aguardando respostas, testando seu entendimento [...], resumindo as descobertas e concordâncias, entendendo a hierarquia de necessidades da outra parte;*

» **Negociação:** *busque uma negociação integrativa que permita ganhos mútuos. Evite a negociação distributiva (ganha-perde). Para tal, crie o maior número de opções possível, fundamente sempre suas propostas em critérios e padrões e concentre-se nos interesses (aquilo que de fato queremos) abandonando as posições (aquilo que dizemos querer). Ao negociar mas sobretudo em sua fase final (a do fechamento) tenha sempre uma MAANA – uma Melhor Alternativa à Negociação de um Acordo. Procure uma alternativa, um Plano B.*

Se seguidas, as recomendações dadas para as etapas de preparação e abertura (início da negociação propriamente dita) auxiliarão para que nada infunda medo ou surpresa a ambas as partes na negociação. Para uma melhor postura no desenrolar do processo, recomendamos a compreensão de que as partes não são adversárias, mas sim pessoas que buscam o atendimento de seus interesses.

Antes de negociar, é preciso pesquisar o máximo possível sobre o que a outra parte procura. Essa percepção ajuda na definição da abordagem a ser adotada no restante da negociação. Outra recomendação é a prática da escuta, para demonstrar que seu interesse e sua proposta estão condizentes com o que o outro lado da negociação procura.

Em uma divisão didática, são essas as etapas que caracterizam uma negociação. Já na prática pode ocorrer de modo diferente ou haver combinação entre suas fases.

Vimos anteriormente uma classificação com quatro tipos de resposta. Há uma classificação parecida, que trata de cinco estratégias para lidar com o conflito, que traz as quatro já estudadas e mais uma. Reproduzimos aqui a classificação feita por Robbins, Judge e Sobral (2010, p. 442, grifo do original):

> **Competição:** *Estratégia focada na satisfação dos próprios interesses, independentemente do impacto que isso terá sobre as outras partes em conflito. Uma pessoa está competindo quando faz uma aposta com outra pessoa. Para um ganhar, o outro terá de perder.*
>
> **Colaboração:** *Estratégia de resolução de conflitos na qual as partes conflitantes desejam satisfazer os interesses de ambas, de forma a alcançar um resultado mutuamente satisfatório. Nesse caso, colaborar significa que a intenção das partes é solucionar o problema esclarecendo as diferenças em vez de tentar acomodar os diversos pontos de vista. Se tentar encontrar uma solução ganha-ganha, que permite que ambas as partes satisfaçam seus interesses, você está colaborando.*
>
> **Evitamento:** *Quando uma pessoa reconhece que o conflito existe, mas, em vez de procurar resolvê-lo, busca suprimi-lo ou ignorá-lo, ela está evitando o conflito. Alguns exemplos dessa estratégia incluem a tentativa de simplesmente ignorar um conflito e a de evitar pessoas de quem se discorda.*
>
> **Acomodação:** *Estratégia em que uma das partes sacrifica seus interesses substantivos em detrimento dos interesses contrários para fortalecer o relacionamento entre*

as partes. Apoiar a opinião de alguém sem concordar totalmente com ela é um exemplo de acomodação.

Compromisso: Na estratégia de compromisso não há exatamente vencedores e vencidos. O que há é uma disposição para aceitar uma solução que satisfaça apenas parcialmente os interesses de ambas as partes, ou seja, uma solução de compromisso. A característica mais importante dessa estratégia é, portanto, a disposição de cada uma das partes em ceder algo para solucionar um conflito.

Uma negociação com vistas a que todos ganhem, como já indicado anteriormente, enquadra-se em uma estratégia de colaboração ou, ainda, de compromisso. Essa forma de negociação é chamada *integrativa*, pois visa integrar as partes em uma solução comum, de cooperação.

A negociação que busca o melhor resultado para apenas uma das partes adota a estratégia de competição. É chamada de *distributiva*, pois, ao repartir os benefícios, cede para um lado e tira de outro.

Agora, com base na atitude de cada parte em revelar o que espera, vamos estudar as questões envolvidas em uma negociação – se são pessoais ou substantivas e qual é a postura recomendada.

1.5 Negociação baseada em interesse × negociação baseada em posição

A postura de quem negocia pode ser baseada em interesse ou em posição, dependendo das questões que a pessoa traz na negociação. As **questões** são os pontos controvertidos passíveis de negociação ou de mediação. Os interesses demonstrados podem ser tanto reais (verdadeiros) quanto aparentes (aqueles que são ditos, enquanto há motivos ou interesses ocultos).

Há um exemplo de discussão de questão pessoal (negociação baseada em posição) bastante conhecido, possivelmente utilizado pela primeira vez no curso do Projeto de Negociação de Harvard (Maraschin, 2017). Conta-se que duas irmãs brigavam para ver quem ficaria com uma laranja, a única fruta disponível na casa naquele dia. Cada uma queria a laranja toda para si. Ao ver a situação, a mãe pegou uma faca serrilhada, cortou a laranja ao meio e deu metade a uma das filhas, metade à outra. Uma decisão justa, aparentemente, mas sem a máxima efetividade que poderia ter tido. Uma das irmãs queria a laranja para comer, outra queria ficar com a casca, apenas para brincar com ela. As irmãs se preocuparam com um interesse aparente, com uma **posição predeterminada**, sem procurar entender o que realmente buscavam e maximizar os benefícios de ambas com base nesse conhecimento do interesse real. A mãe, por sua vez, também não foi capaz de extrair da negociação o interesse mútuo, fazendo a distribuição unicamente pensando no meio-termo das posições.

Você agora pode dizer: Eu jamais faria isso! Que ideia absurda, ninguém entra numa negociação defendendo questões pessoais, e sim as questões que realmente interessam.

Será mesmo? Na verdade, o ser humano é bastante propenso a ocultar seus interesses e suas vontades, como se fosse um instinto de proteção. Uma criança na rua chora e esperneia ao pai, pedindo: "Eu queria sorvete, pai, me dá sorvete!". O pai pode dar sorvete, e a criança vai ficar feliz. Mas logo depois vai passar por outra loja e gritar: "Quero esse brinquedo!". O pai dá, e na hora a criança fica satisfeita, mas, depois, vai querer mais.

Por outro lado, o pai pode, no primeiro esperneio, dizer: "Filho, sei que você quer isso, mas não posso comprar agora. Vem cá, dá um abraço". A criança corre para os braços do pai. É uma situação possível, cujo resultado pode variar, mas certamente você percebeu o caminho. A criança queria mesmo sorvete, ou só precisava de atenção? Por esse exemplo, percebemos que as necessidades nem sempre são evidenciadas no que é o conflito aparente.

Sobre essa mesma situação, um exemplo real, contado pelo advogado Cícero Luvizotto*, que foi contratado para defender uma loja:

> Um cliente da loja, a qual vende boas mercadorias, fez suas compras no final da tarde, após sair do trabalho, e, indo em direção a seu carro estacionado na rua, foi abordado por dois sujeitos, que o assaltaram. O cliente, Carlos (nome fictício), ajuizou uma ação contra a loja, pela falta de segurança, requerendo indenização.
>
> Buscando resolver o conflito antes da audiência em juízo, as partes com seus advogados se encontraram no escritório de um deles. O advogado da loja perguntou o que de fato Carlos queria, mas ele se esquivou da pergunta. Por isso, a loja ofereceu um acordo de R$ 1.000,00 mais a reparação pelo que os ladrões levaram. Carlos recusou.
>
> A loja ofereceu um vale-compras no valor de R$ 2.000,00, Carlos ainda assim recusou. Não queria voltar à loja, embora fosse cliente habitual, porque lamenta a falta de segurança, que, por ter bons produtos, deveria ter um vigia ou câmeras de vigilância. O dono da loja pediu desculpas novamente, sentindo muito pelo ocorrido, e ofereceu, em vez do vale, o valor em dinheiro. Carlos disse que não era dinheiro que queria, porque era um médico bem-sucedido, não precisava disso. O que ele queria, então, perguntou o dono da loja e seu advogado?

---

* Informação verbal dada em uma aula do mestrado em Direito do Centro Universitário Internacional Uninter, em Curitiba, em meados do mês de abril de 2017. Reprodução gentilmente autorizada pelo advogado.

> Ele disse que só queria mais segurança, para que outros não passassem por isso, pois até aquele dia ainda estava com pesadelos e temores.
>
> Essa conversa durou um pouco mais, com Carlos comentando o que passou e como lamentava a insegurança não só da loja, mas da região também. Por fim, o cliente disse, de vontade própria, que desistiria da ação, o que de fato aconteceu. Ele apenas precisava ser ouvido e compreendido quanto a esse episódio.

Nesse caso, que de fato aconteceu, você percebeu: o cliente ajuizou ação requerendo indenização em dinheiro, mas dinheiro era a última coisa que ele queria. Se a discussão continuasse apenas em torno do valor a ser recebido, o conflito não seria sanado de forma satisfatória, porque não era o interesse real do cliente.

A negociação baseada em posição leva à provocação e ao embate sem que haja interesse real em um acordo. Por isso, na verdade, talvez as próprias partes não saibam o que querem exatamente, tornando a negociação muito difícil. Em uma mediação, o mediador pode ser capaz de trazer as partes à realidade. Mesmo os envolvidos ou o representante de alguma das partes podem ter sensibilidade para perceber o que de fato a outra parte almeja.

Confira, a seguir, outro exemplo, mas desta vez de uma negociação baseada em interesse.

> Um grupo de investidores, detentores de considerável capital humano, intelectual e tecnológico, está prospectando investir em uma fábrica recém-instalada de grafeno, um material novo, muito leve e resistente, que poderá transformar a aviação. Os investidores fizeram cálculos e demonstraram que, para que valha a pena investir na fábrica e empregar nela sua mão de obra especializada e máquinas de última geração, precisarão receber no mínimo 50% do faturamento bruto.

Para barganhar e obter maior vantagem, os investidores poderiam exigir um percentual ainda maior, que possivelmente seria aceito pela fábrica, que necessita deles para continuar sua produção e as pesquisas. No entanto, por questão de honestidade, transparência e manutenção de uma boa relação de negócios, exigiram apenas o necessário, de forma clara e direta: "Devemos ter pelo menos 50% de participação de sua empresa para continuarmos com esse projeto, em razão dos custos para a manutenção dos funcionários e instalação das máquinas".

Assim, a negociação foi baseada em uma questão substantiva, um interesse real de participação, com foco no longo prazo.

Segundo Calipo (2009), "Um interesse é uma postura central que norteia e dá sentido às suas posições [...]. Vale lembrar que podemos satisfazer um interesse sem que a posição seja aceita", e a ideia é de que toda negociação seja em relação a interesses, não à posição. A negociação por defesa de posições é ruim porque não explora o que cada lado da negociação realmente almeja.

Os interesses devem estar manifestados na negociação, e não disfarçados. Quando são demonstrados pelas partes envolvidas de modo claro, objetivo e real, diz-se que a negociação é baseada em interesse. Quando os interesses são subjacentes, ocultos, escamoteados, diz-se que a negociação é baseada em posição.

A negociação baseada em princípios, também chamada de *negociação baseada em méritos*, sugere que sejam tratados os interesses reais dos envolvidos, não suas posições. Dessa forma, não só se resolve o conflito pontual, mas se aumentam as chances de obter uma solução justa e também as possibilidades de um relacionamento positivo e duradouro entre as partes.

A negociação baseada em princípios tem quatro fundamentos para obter bons resultados, conforme Azevedo (2015, p. 68): "geração de opções de ganhos mútuos"; "separação das pessoas do problema"; "foco nos interesses, e não em posições"; e "utilização de critérios objetivos":

1. A geração de opções de ganhos mútuos diz que deve ser vislumbrada mais de uma possível solução antes de se decidir por uma. Assim, deve-se dedicar tempo para pensar em opções, que devem focar nos interesses comuns e conciliar interesses divergentes, a fim de optar pela melhor.
2. A técnica de separar as pessoas do problema ensina que a discórdia não soluciona nada. A técnica parece óbvia, difícil é segui-la: não deixar que eventual desentendimento com as outras pessoas envolvidas impeça uma negociação boa e justa.
3. O foco nos interesses, e não em posições, trata de uma boa parte do que estudamos até aqui: o olhar deve estar voltado ao que se busca efetivamente na negociação, não a questões de menor importância.
4. Para a utilização de critérios objetivos, sempre que possível, devem-se adotar padrões externos, como tabelas de preços, valor médio de metro quadrado em determinado bairro ou localidade, índices oficiais de correção monetária etc. (Azevedo, 2015).

Desse modo, podemos concluir que, na condição de "negociadores, temos o desafio de descobrir quais são os interesses envolvidos e precisamos fazer com que esses **interesses** sejam satisfeitos, nunca as posições" (Calipo, 2009, grifo nosso).

1.6 Técnicas de negociação

Para compreender as técnicas de resolução de conflitos, é necessário conhecer as técnicas de negociação. Apresentaremos nesta seção aquelas voltadas a questões de negociação estritamente financeiras.

Em uma negociação, as partes envolvidas têm pensamentos e atitudes que devem ser previstos, ou não se chegará a lugar nenhum. Afinal, como resolver o que não se conhece? Portanto, entender as principais técnicas envolvidas na negociação de um conflito é essencial.

1.6.1 Ancoragem e contra-ancoragem

A ancoragem se baseia em uma situação muito comum, que age em nosso psicológico: a comparação. No comércio, ao encontrar um desejado sapato de marca por R$ 700,00, pensa-se que é muito caro. Ao encontrar o mesmo sapato em outra loja por R$ 540,00, muito possivelmente você comprará, afinal, está R$ 160,00 mais barato (uma pechincha, você pensa). Porém, ainda é um simples sapato por R$ 540,00, mas o efeito da comparação tornou o preço muito mais atrativo.

Ancorar uma negociação é estabelecer uma proposta inicial sobre a qual devem girar a negociação e as contrapropostas. Não é uma tática para se utilizar todas as vezes, mas pensada caso a caso, pois nem sempre é vantajosa. Caso se decida fazer a primeira proposta, a ancoragem em uma negociação, deve-se dizer algo um pouco acima do que se espera realmente alcançar.

Utilizar uma ancoragem muito otimista pode surtir o efeito contrário ao pretendido. Se uma parte entende que seu direito é receber R$ 3.000,00 na negociação, jogar o valor inicial a R$ 6.000,00 não criará um ponto de partida para a negociação, pois não é razoável;

pelo contrário, pode desestimular a outra parte a prosseguir. A ancoragem pode ser um pouco acima do esperado, porém, deve ser ainda razoável.

Caso a ancoragem seja irrealista, o golpe contrário é a contra-ancoragem: a outra parte desmerece com razão a proposta inicial (uma ancoragem mal colocada) e ela mesma coloca, em resposta, uma âncora na negociação. Um exemplo de contra-ancoragem: "Vender o passe de meu melhor jogador por um empréstimo de dois jogadores de seu time? Você não deve estar falando sério! O passe do Ronaldo vale pelo menos a cessão de metade de seus titulares a meu time para a próxima temporada do Campeonato Brasileiro".

1.6.2 Preço-alvo

As partes entram em uma negociação com uma expectativa relativamente alta sobre o que pretendem alcançar.

Em uma venda de veículo usado, por exemplo, o vendedor quer o melhor preço. Ele pretende vendê-lo com um ano de uso a 80% do que pagou, conforme os cálculos mais otimistas de desvalorização do veículo. Se pagou R$ 100.000,00, portanto, seu preço-alvo é R$ 80.000,00, isto é, a expectativa mais alta que você tem em relação ao que conseguirá. Porém, sabe que, pela baixa procura e pela crise econômica, dificilmente conseguirá alcançá-lo, por isso deve calcular determinado valor, mais razoável, que aceitaria. Esse valor que, embora não seja o preço-alvo, é aceitável para fechar um acordo, se chama *Maana*.

1.6.3 Maana

Maana significa melhor alternativa à negociação de um acordo. Trata-se de saber o que se vai conseguir se não houver um acordo.

Em inglês, é conhecida como Batna (*Best Alternative to a Negotiated Agreement*, "melhor alternativa para um acordo negociado"). Trata-se do plano B, do que espera o negociador fora do ambiente de negociação se não houver acordo.

Um exemplo: há uma parte A que espera obter R$ 15.000,00 em determinada negociação de conflito, a quem se oferece um acordo de R$ 10.000,00. Ela não aceita, pois tem por certo que, ingressando no Poder Judiciário, vai receber R$ 15.000,00. Ao fazer isso, essa parte se esqueceu das custas para litigar perante o Poder Judiciário, o tempo de espera até a decisão final e, ainda, o sempre presente risco de não vencer a demanda – embora acredite no direito que tem, pois o magistrado pode entender de modo diferente.

Assim, imaginemos que A tem absoluta certeza de que, submetendo o caso ao Judiciário, receberá os R$ 15.000,00. Desse modo, a melhor alternativa que A tem para um acordo são os R$ 15.000,00, mas não imediatos. Por isso, haveria de considerar:

> **Preço-alvo**: R$ 15.000,00 (é o direito total que acredita ter, com base em contrato, lei ou em sua experiência).
>
> **Maana**: R$ 12.500,00 pela via do Poder Judiciário – se for necessário ingressar com uma ação, tem certeza de que vai vencer, porém, terá que arcar com as despesas comuns a um processo, como custas judiciais e honorários do advogado (pelo menos R$ 2.500,00), por isso A não ficaria com os R$ 15.000,00 que o juiz daria, mas com R$ 12.500,00. Além do mais, pelo tempo médio de julgamento, levará dois anos para receber.

Ao estabelecer sua Maana, é possível (e necessário) calcular também um **valor de reserva**.

1.6.4 Valor de reserva

O valor de reserva, ou preço de reserva, é o mais baixo valor de um acordo que você está disposto a aceitar. "Se o valor do acordo proposto for inferior ao seu valor de reserva, melhor rejeitar a oferta e seguir sua Maana. Se no final a oferta for mais alta que seu valor de reserva, você deve aceitar o acordo" (Homrich, 2017).

Considere um exemplo: você pretende uma indenização por quebra de contrato. Judicialmente, você sabe que seu direito, conforme o próprio contrato, é de R$ 50.000,00: essa é sua Maana. Em uma negociação amigável, no entanto, você provavelmente não terá êxito se exigir os mesmos R$ 50.000,00, e a outra parte sabe disso. Para conseguir judicialmente esse valor, você terá custos com o processo, com honorários de advogado e, ainda, deverá enfrentar um trâmite que poderá durar anos para, ao final, correr o risco de o juiz entender de forma diferente.

Assim, para estabelecer um valor de reserva, isto é, o valor mínimo que é vantajoso aceitar em uma negociação, deverá considerar todos esses fatores. Como aplicação, em exemplo parecido com o anterior, pensemos em uma parte que esteja buscando indenização porque a outra não cumpriu um contrato estabelecido entre elas. Antes de entrar em uma rodada de negociação com a outra parte, ela trabalha sua Maana, chegando ao seguinte cálculo hipotético:

Maana: R$ 50.000,00 – estipulado na cláusula quinta do contrato.

Valor de reserva: R$ 30.000,00 – considerando o risco do processo e os custos envolvidos para ativar a Maana; até esse valor, é razoável fazer um acordo.

Ao estabelecer um valor de reserva, significa que tudo o que estiver abaixo dele na negociação é comprovadamente ruim para você e não deve ser aceito em hipótese alguma. No exemplo, a parte decidiu que R$ 30.000,00 é o valor mínimo a aceitar.

Se você está disposto a baixar seu valor de reserva na hora da negociação – seja por amizade com a outra parte, seja por outros interesses envolvidos –, ele deve ser repensado para traduzir a realidade em termos de vantagens e desvantagens, benefícios e malefícios, pois, do contrário, não servirá de verdadeiro valor de reserva. Nada impede que você abra mão desse valor por interesses maiores, como o relacionamento com a outra parte, mas, em outros termos, ele deve refletir o que é realmente esperado.

Assim, aceitar ou não um acordo é puramente uma tarefa matemática: depende do valor de reserva.

Embora, depois de aprendido, o conceito de Maana seja quase intuitivo, "não é raro ver longas negociações ocorrerem sem que seus contendores saibam com razoável grau de precisão quais as consequências de não se chegar a um acordo" (Azevedo, 2016, p. 76).

1.6.5 Zona de possível acordo

Zona de possível acordo (Zopa) é a zona situada entre o valor de reserva de cada uma das partes. É também conhecida como *ZAP* (zona de acordo possível). Perceba, na imagem a seguir, onde ela se situa.

Figura 1.1 – Demonstração visual da Zopa considerando o valor de reserva de ambas as partes

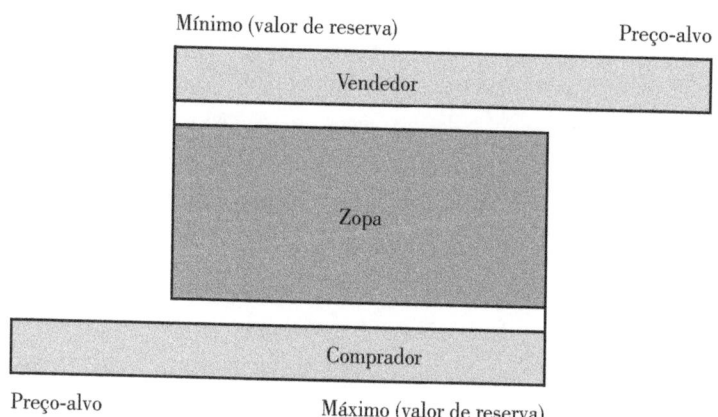

```
         Mínimo (valor de reserva)              Preço-alvo
         ┌──────────────────────────────────────────────┐
         │               Vendedor                        │
         └──────────────────────────────────────────────┘
              ┌─────────────────────────────────┐
              │                                 │
              │             Zopa                │
              │                                 │
              └─────────────────────────────────┘
         ┌──────────────────────────────────────┐
         │              Comprador                │
         └──────────────────────────────────────┘
Preço-alvo           Máximo (valor de reserva)
```

Se não há Zopa, não se pode chegar a um acordo ou, sem abreviar para ficar mais claro: se não há zona de possível acordo, não poderá haver acordo.

1.6.6 Obtenção de informações

A questão parece tão clara a partir daqui, não é? Você pode se perguntar: por que as pessoas não revelam de uma vez qual é seu valor de reserva a fim de que saibam, desde logo, se é possível chegar a um acordo, isto é, se há uma Zopa?

Como você também já deve ter raciocinado, essa revelação das partes não acontece porque a Maana e o valor de reserva são armas nas mãos das partes e, em regra, não são ditos abertamente, mas são utilizados para barganhar. Por isso, na prática, há negociações que não têm acordo possível, mas que, mesmo assim, levam horas, às vezes semanas, para chegar ao fim.

Ainda que as informações sejam escondidas, é possível, dependendo de cada caso, entender os interesses da outra parte, sua Maana e seu valor de reserva. Pode-se perguntar ou, de forma indireta, prospectar as tendências do mercado para aquela negociação; conhecer os fornecedores do produto ou serviço em questão para verificar as vantagens e desvantagens em relação ao que é oferecido, por exemplo, é outra opção.

Lima Neto (2017) propõe também outros modos de obter informações que ajudem na negociação com a outra parte: fazer contato com fontes do setor; consultar publicações especializadas; analisar relatórios anuais ou informações públicas da outra parte, se empresa; fazer perguntas informais sobre o negociador ou outros fatores dentro da empresa; até mesmo imaginar interesses, preferências e necessidades dos interlocutores; e conhecer as metas vigentes na organização adversária.

Décio Moraes (2017) recomenda: Não tenha receio de perguntar diretamente à outra parte o que ela espera obter na negociação. Como vimos, normalmente essa informação não é tratada abertamente, mas poderá servir para acalmar os ânimos em uma negociação tensa e demonstrar que você está em busca de uma solução atrativa para ambas as partes.

Com essa pergunta, pode-se evitar uma tendência ruim: "muitas vezes a negociação pode ficar concentrada em um ponto (por exemplo, preço), enquanto o que seu cliente ou fornecedor realmente quer é outra vantagem (por exemplo, prazo de pagamento). Muitas vezes, sua empresa pode ceder em uma área que o outro deseja para atingir seu objetivo principal na negociação" (A importância..., 2017).

No entanto, atenção quanto a revelar suas informações. Mesmo procurando sempre o melhor para ambos os lados, há casos ainda de negociação distributiva, em que uma parte inevitavelmente obterá maior vantagem. Por exemplo, se apenas importar o preço, ou a venda será feita por um valor maior, para o bem do vendedor, ou por um valor menor, beneficiando o comprador. Quando a negociação for distributiva, não se deve "revelar informações que possam denotar vulnerabilidades ou ainda expor os interesses de maneira aberta ou precoce. Buscar alimentar suposições do outro lado", indicando sua superioridade perante o que o outro percebe na negociação, "também é recomendado, a fim de criar dúvidas e enfraquecê-lo" (Azevedo, 2015, p. 75).

1.7 Falhas comuns na negociação e modo de evitá-las

Negociar não é pressionar o tempo todo nem ceder facilmente. A negociação deve buscar o acordo que seja mais propício às partes naquele momento, considerando todas as técnicas envolvidas.

O *Manual de mediação judicial* do CNJ faz uma observação sobre pessoas de boa vontade, que cedem fácil demais. Como você observará, essa atitude pode ser contraprodutiva.

Movimentos de concessão

As partes, após a primeira oferta, passam a adotar movimentos e contra movimentos para se chegar a um acordo com preço agradável. Quando uma parte faz uma boa concessão, é inferível que ela seja capaz de fazer outra. Como, por exemplo, em uma venda, o preço de produto foi fixado pelo vendedor no valor de R$ 100,00. O comprador ofereceu R$ 75,00, porém, o representante do vendedor expôs que o vendedor não aceitaria R$ 75,00, entretanto, estaria disposto a diminuir R$ 10,00 do valor fixado. Por consequência dessa concessão, o comprador poderá inferir que o vendedor abaixaria mais o valor fixado caso houvesse uma nova oferta, isto, pois, já na primeira contra oferta o vendedor possibilitou uma concessão de 10% do valor total. Contudo, pode ocorrer de uma das partes não ter pressa em fechar o negócio, ou acreditar que a outra parte possa apresentar condições melhores, o que torna a suposição da concessão progressiva, onde ao fazer uma concessão boa de início infere em outras futuramente é não tão comum.

Existem alguns fatores que influenciam o negociador a fazer uma má concessão. Como, por exemplo, o fato muitas pessoas não gostarem de negociar, o que resulta em uma decisão equívoca de concessão. Há também a questão do ser humano ter inato a si a vontade de querer agradar o outro, o que, principalmente para negociadores inexperientes, leva a concessões precoces. Um dos maiores erros em se fazer concessão está em responder a impulsos. Uma boa concessão, normalmente, é fruto de uma boa reflexão. Contudo, há formas de se evitar esses equívocos:

» Avaliação prévia do MAANA. É importante conhecer o seu MAANA, isto, pois, caso esse seja forte, pode não existir a necessidade de se fazer concessões para chegar a um acordo.
» A importância da pausa. Em algumas negociações as partes podem ficar impacientes ou estressadas, nesses casos, é aconselhável que se faça uma pequena pausa antes de fazer qualquer concessão.
» Concessão visando o [sic] acordo. Algumas pessoas cometem o equívoco de acreditar que através de boas concessões a outra parte a verá como razoável, e passará a ser querida. A negociação não é um meio para realização de estima pessoal, e sim para resolver um litígio.

> **Importância do tempo**
>
> Em algumas negociações, como as de compra e venda, o tempo pode ser uma importante ferramenta. Quando um comprador faz sua proposta, ele espera um posicionamento do vendedor, porém, podem ocorrer situações onde este escuta a proposta e a usa para melhorar seu MAANA, sem dar uma resposta para o comprador. Uma maneira de se evitar que esse tipo de atitude ocorra é por meio do estabelecimento de uma data de expiração para a oferta

Fonte: Azevedo, 2016, p. 79-80.

Sobre os aspectos relevantes do conflito, Morton Deutsch, em sua obra *The Resolution of Conflict: Constructive and Destructive Processes* (citado em Azevedo, 2015, p. 49), "apresentou importante classificação de processos de resolução de disputas ao indicar que esses podem ser construtivos ou destrutivos".

> processos construtivos, segundo Deutsch, seriam aqueles em razão dos quais as partes concluiriam a relação processual com um fortalecimento da relação social preexistente à disputa. Para esse professor, processos construtivos caracterizam-se: i) pela capacidade de estimular as partes a desenvolverem soluções criativas que permitam a compatibilização dos interesses aparentemente contrapostos; ii) pela capacidade de as partes ou do condutor do processo (e.g. magistrado ou mediador) motivarem todos os envolvidos para que **prospectivamente** resolvam as questões sem atribuição de culpa; iii) pelo desenvolvimento de condições que permitam a reformulação das questões diante de eventuais impasses [...] e iv) pela disposição de as partes ou do condutor do processo a abordar, além das questões juridicamente tuteladas, todas e quaisquer questões que estejam influenciando a relação

(social) das partes. Em outros termos, partes quando em processos construtivos de resolução de disputas concluem tal relação processual com fortalecimento da relação social preexistente à disputa e, em regra, robustecimento do conhecimento mútuo e empatia. (Azevedo, 2016, p. 55-56, grifo do original)

Um processo destrutivo, por sua vez, é aquele no qual houve "enfraquecimento ou rompimento da relação social preexistente à disputa em razão da forma pela qual esta é conduzida", além da "tendência de o conflito se expandir ou tornar-se mais acentuado no desenvolvimento da relação processual" (Azevedo, 2015, p. 49).

Outra falha comum é o desejo de "vencer a qualquer custo", o que pode surtir efeitos momentâneos se a outra parte se deixar enredar, porém, afeta o relacionamento futuro. Na visão ganha-perde, somente uma das partes vence, tratando-se de uma negociação distributiva ou competitiva.

Algo que caracteriza a negociação é a **assimetria de informações**. Cada negociador tem maior conhecimento em determinada pauta do negócio do que o outro. Esse diferencial entre o conhecimento das partes é típico em negociações empresariais e comerciais de modo geral.

Pensemos em uma situação em que A e B estão na mesa de negociação com X. A e B são empresas de formatura iniciantes; X é a representante da comissão de formatura de uma turma de graduação do curso superior de Gestão de Serviços Jurídicos e Notariais. De início, A não conhece o valor de reserva de B, isto é, o menor preço que B poderá oferecer. O mesmo vale para B, que sabe mais ou menos seu valor de reserva (por ser inexperiente), mas não conhece o de A. X está ali buscando o melhor para o evento de formatura de sua turma a um preço acessível, mas não tem certeza do que encontrará. É certo que cada um, com mais ou menos diligência, fez pesquisa de mercado, prospectou os concorrentes da área e entrou em contato com as empresas para aferir qualidade, preços e outras informações de relevo, mas é certo, também, que uma parte não entrou na mente da outra para saber o que está planejado para aquele evento específico. Se todos soubessem, de antemão, qual o Maana, o valor de reserva e todos os detalhes sobre o produto ou serviço que o outro oferece, perderia o poder de negociação. B não sabe tudo o que X quer, por isso, vai oferecer maior desconto ou diferencial no serviço do que ofereceria se soubesse que X fecharia negócio sem necessidade de nada disso.

No *Manual de mediação judicial* do CNJ, temos outro exemplo:

> Exemplificativamente, imagine-se o processo de venda de um veículo. Após uma pesquisa em publicações especializadas e nos classificados dos jornais, o vendedor verifica que o valor médio de mercado para um veículo como o seu está entre 28 e 31 mil reais. Ele publica um anúncio em um site especializado e recebe uma ligação de um possível comprador. Começa, então, a dinâmica da negociação (a princípio, distributiva). O comprador pergunta pelo preço do veículo. O vendedor responde que está ofertando por R$ 32.500,00 (sua oferta inicial ou oferta de abertura). O comprador responde que está um pouco caro mas irá ver o carro apenas para desencargo de consciência – este discurso visa verificar qual a disposição do vendedor de aceitar uma oferta mais baixa. Após examinar por alguns minutos o carro por dentro e por fora, o comprador oferece R$ 29.000,00 em dinheiro (oferta inicial do comprador). Até este ponto, podemos identificar dois elementos da barganha distributiva: oferta inicial de A e oferta inicial de B. Tais ofertas são apresentadas na negociação como meios de iniciar um processo de persuasão. Todavia, antes de anunciar o seu carro o vendedor planejou que não o alienaria por menos de 29 mil reais (seu preço ou valor

de reserva). Essa referência funciona como uma balisa [*sic*] mental que autolimita o vendedor para que não venda abaixo um parâmetro mínimo. O comprador, por sua vez, também pode ter estabelecido um limite: após verificar a tabela de preços de mercado estabeleceu como seu preço de reserva a quantia de R$ 31.000,00. A regra em negociações não se deve revelar o preço de reserva sob pena de se enfraquecer substancialmente o poder de negociação. Frequentemente, as partes também estabelecem um valor considerado desejável para se chegar a um acordo chamado ponto alvo [*sic*] (ou valor desejado).

Na hipótese [...] indicada, vender o carro por R$ 31.500,00 seria o desejável ao vendedor e este irá se esforçar para se aproximar o mais próximo possível desse valor. O comprador também pode ter estabelecido o seu valor desejado: R$ 28.000,00. Neste caso, ao afastarem-se desses valores (exemplificativamente por meio de uma negociação em que chegam a um ponto intermediário como R$ 30.750,00) ambos tenderão a sair ao menos parcialmente insatisfeito [*sic*] – pois construíram uma expectativa de que determinado valor seria "um bom valor" ou "um valor justo".

Fonte: Azevedo, 2016, p. 77-78.

A prévia prospecção de informações sobre os contatos de negociação e o preparo de sua própria posição farão a diferença.

A assimetria de informações é, por um lado, desejável, para possibilitar o próprio negociar comercial. Por outro, as questões substanciais não devem ser ocultas das partes, sob pena de se ter uma negociação pelos motivos errados. Como já sabemos, a negociação baseada em interesse, também dita *negociação baseada em mérito*, é o caminho certo a seguir.

Fixe-se que não é toda negociação que aceita a assimetria de informações. Em casos familiares, como a aproximação de parentes afastados por uma rusga doméstica, a transparência prevalece. Para trabalhar a negociação como processo construtivo, uma negociação ética envolve conhecimento e confiança: ter conhecimento de como negociar e dos elementos envolvidos em cada negociação em particular e transmitir confiança à outra parte pela honestidade em todos os pontos. Segundo Gustavo Iamin (2016), com amparo em dois outros autores, Stark e Flaherty, são 10 os alicerces que sustentam uma negociação ética bem-sucedida, seja nacional, seja internacionalmente. Vamos a elas:

1. ***Saiba o que não é negociável.*** *Em um trabalho com funcionários de um banco foi colocada a seguinte pergunta: "Quanto você pode roubar deste banco antes de ser demitido?". A questão sempre atrai uma risada, porque, naturalmente, todo mundo sabe que quem rouba um banco seria demitido imediatamente. Isso simplesmente não é algo negociável. É importante saber o que é ou não negociável.*

2. ***Seja honesto.*** *Em uma negociação, sempre que você é ético e honesto, mesmo que lhe custe algo, você ganha pontos. Por exemplo: se a outra parte cometeu um erro em uma fatura comercial e isso lhe proporcionou alguma vantagem, você deve informá-la, para que a correção seja feita.*

3. ***Mantenha as suas promessas.*** *Na ânsia de fazer uma negociação avançar, você pode, por vezes, fazer promessas e concessões que não tinha planejado fazer. Você demonstra sua ética quando cumpre essas promessas, mesmo havendo se arrependido de tê-las feito algum tempo depois.*

4. **Tenha várias opções.** *Negociar com várias opções ajudará você e a outra parte a alcançar uma posição em comum. Se alguém propõe uma opção que você sente ser aética, você estará pronto para apresentar outra possibilidade, amparada em valores éticos, sem precisar retirar-se da negociação. Às vezes, você pode encontrar negociadores que têm um pensamento unilateral, com apenas uma opção: ou a negociação se encaminha à maneira deles, ou nada. Nesses casos, se a proposta não for ética em sua opinião, você tem apenas uma opção: desistir do negócio.*

5. **Esteja preparado para dizer "não".** *Alguns negociadores se mantêm bastante confortáveis, mantendo o olhar firme sobre a outra parte, mesmo sendo necessário dizer "não" quando sentem que algo não está certo. Outros temem que dizer "não" possa parecer confrontador, mesmo quando a proposta não parece ética. Mais tarde, acabam se arrependendo de concordar com a proposta. Estar disposto a dizer "não" a algum detalhe que não está certo é fundamental para manter um padrão ético no ambiente da companhia e na sua relação com os parceiros.*

6. **Estar familiarizado com a lei.** *A ignorância da lei não é uma boa desculpa para um comportamento aético. Em caso de dúvida sobre a lei que regula algum aspecto de sua negociação, faça uma pesquisa mais detalhada ou contrate um especialista.*

7. **Jogo aberto, dentro e fora da empresa.** *Em uma situação do cotidiano, uma empresa estava conduzindo uma negociação bastante delicada e com sérios riscos de não ter sucesso, quando uma pessoa do grupo sugeriu não informar outra divisão sobre as ações que estavam sendo planejadas. Um colega,*

então, disse: "Isso só cheira mal". O que ele estava dizendo era que agir da maneira descrita simplesmente não era correto. Contar aos membros da outra divisão o que se estava planejando, mesmo sabendo que haveria uma inflexível oposição, era a coisa certa a fazer.

8. **Pratique o conceito de "sem surpresas"**. Surpresas são bem-vindas em situações muito específicas de preferências na vida pessoal de cada um. Em uma relação negocial, não deve haver surpresas, qualquer que seja sua conotação. Seria lamentável se o seu cliente enxergasse de uma maneira negativa uma informação que não foi fornecida a ele, embora você a achasse irrelevante. Certificar-se de que tudo foi dito e apresentado em uma negociação reduzirá as chances de um lapso ético.

9. ***A regra de platina.*** *A regra de ouro nos diz para tratarmos as pessoas da forma como gostaríamos de ser tratados. A regra de platina diz para tratarmos as pessoas da maneira que elas querem ser tratadas. Demonstrar preocupação com os interesses e as necessidades de seus parceiros revela que você quer tratá-los da maneira que eles querem ser tratados. Isso ajuda a construir relacionamentos de longo prazo com base na ética e na confiança.*

10. **Esteja disposto a eventualmente se retirar de uma negociação**. Em algumas ocasiões, não restará alternativa senão retirar-se. Se a outra parte não está conduzindo o processo de acordo com os padrões éticos que você espera, a melhor coisa a fazer é encerrá-lo e partir em busca de novas oportunidades.
(Iamin, 2016, p. 128-131, grifo do original)

É certo que esses alicerces trazem táticas e estratégicas bastante voltadas a negócios comerciais e é certo também que eles têm plena aplicabilidade em questões que não envolvem dinheiro. Por exemplo, em uma separação, em discussão de guarda de filhos. Ainda que geralmente não haja punição ou má reputação social pela falta de ética em questões pessoais que não adquiram grandes proporções, agir com retidão proporciona melhor resultado a longo prazo em todas as esferas.

Para saber mais

FANTÁSTICO. O conciliador. **G1**, Rio de Janeiro, 2010-2012.
  Disponível em: <http://g1.globo.com/fantastico/quadros/o-conciliador/>. Acesso em: 8 nov. 2017.
  O quadro "O conciliador", exibido pelo *Fantástico* até 2012, mostra a conciliação ou a tentativa de conciliação em diversos casos. Na maioria deles, consegue-se dirimir os conflitos. Vale notar quais são as questões de fundo mais frequentes para o desentendimento entre as partes e as principais razões que levam ao êxito ou ao fracasso de cada conciliação.

O MERCADOR de Veneza. Direção: Michael Radfort. EUA: Califórnia Home Vídeo, 2004. 131 min.
  O filme verte a obra homônima de William Shakespeare para o cinema. Trata da negociação que envolve o agiota judeu Shylock (Al Pacino) e o mercador Antônio (Jeremy Irons). Shylock empresta três mil ducados a Bassânio (Joseph Fiennes), amigo de Antônio, e este fica por fiador. O empréstimo tem uma cláusula de que, em não sendo pago a tempo, Shylock terá direito a uma libra de carne de

Antônio. Embora haja um acordo aceito por todos, ele não está imune ao debate: o direito posto, isto é, o ordenamento jurídico como um todo, deverá ser obedecido, e a discussão é levada até os tribunais.

Além da reflexão sobre os limites da negociação, a história vale pelo clássico que é.

Síntese

São diversas as respostas possíveis a um conflito. Estudamos quatro: competição, colaboração, compromisso e evitação. Perceba que são diversos modos de lidar com um conflito que vão determinar a forma como ele é percebido. Segundo pensamento atribuído ao general chinês Sun Tzu (544 a.C.-496 a.C.), "O conflito é luz e sombra, perigo e oportunidade, estabilidade e mudança, fortaleza e debilidade, o impulso para avançar e o obstáculo que se impõe. Todos os conflitos contêm a semente da criação e da desconstrução" (Sun Tzu, citado por Lazzari, 2017, p. 18). Entende-se, portanto, que o conflito é a semente de várias questões que vai florescer dependendo do que se cultivar. Ele pode ser uma fortaleza ou uma debilidade, um perigo ou uma oportunidade ou tudo isso ao mesmo tempo.

Cientes de que o processo civil brasileiro incentiva a autocomposição de conflitos, as pessoas devem estar mais bem preparadas para um momento de negociação. Quando nos referimos a um conflito, talvez a negociação tenha sua explicação mais clara no Código Civil. Em seu art. 840, ele diz: "É lícito aos interessados prevenirem ou terminarem o litígio mediante concessões mútuas" (Brasil, 1940). Quando há conflito, a negociação é o processo pelo qual as partes encontram o ponto em que podem ceder a fim de terminar o litígio.

As técnicas de negociação podem ser utilizadas por quem não tem preparo teórico. Ao negociar, as pessoas têm expectativas e certo limite sobre até que ponto podem transigir sobre seus direitos, a partir de onde não valerá mais a pena. Porém, na prática, você sabe que existem negociações em que as partes não têm uma noção exata do que querem e de aonde pretendem chegar, justamente por lhes faltar preparo. A técnica por si só não traz resultados, mas sim seu uso correto na situação correta. É menor a chance de arrependimento posterior ou outra sorte de infortúnios quando há preparo.

Para ser efetiva, a negociação deve se pautar por interesse, isto é, pelo que as partes em verdade buscam. Do contrário, haveria uma negociação baseada em posição, que é prejudicial aos envolvidos, na medida em que não manifesta o que de fato se busca ou, pior, nem se almeja acordo algum, negociando-se por vaidade. Entenda também que "o melhor negociador não é aquele que prevalece em detrimento do outro. Pelo contrário: a honestidade e a busca de um acordo que satisfaça aos dois lados são apontadas como as características de um bom autocompositor" (Azevedo, 2015, p. 70), ou seja, de uma pessoa que sabe gerenciar e resolver conflitos eficazmente.

Conhecer as técnicas de negociação, seu arcabouço teórico, é fundamental para compreender o que se desenvolve em uma negociação e, acima de tudo, para avaliar, de antemão, os detalhes para negociar com mais eficácia e obter o retorno esperado.

Esses conhecimentos são basilares, portanto, volte a eles sempre que precisar!

Questões para revisão

1) A ancoragem e a contra-ancoragem são algumas das ferramentas que podem ser utilizadas na negociação entre as partes em um conflito. Sobre elas, assinale a assertiva correta.

a. A parte que ancora uma negociação tem uma vantagem sobre a parte adversa.
b. A contra-ancoragem é uma resposta à ancoragem, constituindo uma vantagem à parte que a faz.
c. Não é recomendável utilizar a contra-ancoragem, pois ela representa um desinteresse em negociar.
d. É recomendável se valer da ancoragem sempre que se tiver confiança sobre o valor que se quer obter.
e. Não é recomendável fazer uma ancoragem em valor muito superior ao que se considera razoável.

2) Considere os dois casos a seguir e classifique-os de acordo com o método adotado de solução de conflito.
   I. Maria e Marta trabalham para a mesma empresa de fabricação e comércio de cosméticos. Tiveram um desentendimento sobre o percentual de comissão que cada uma deveria receber, e seu superior disse que aceitaria o que decidissem. Assim, ambas conversaram e decidiram que a comissão seria repartida meio a meio.
   II. Rômulo e Remo fundaram uma pequena vila no famoso município de Águas de São Pedro, no Estado de São Paulo. Ambos titulares de ofícios de registro de imóveis no município, discordaram quanto à competência de cada um em relação ao território em que registravam imóveis. Desse modo, submeteram o caso ao único juízo da comarca, para proferir sentença sobre o caso.
   a. O primeiro caso foi resolvido por negociação direta; o segundo, por mediação.
   b. O primeiro caso foi resolvido por negociação direta; o segundo, por processo judicial.
   c. O primeiro caso foi resolvido por mediação; o segundo, por processo judicial.

d. O primeiro caso foi resolvido por conciliação; o segundo, por mediação.
e. O primeiro caso foi resolvido por mediação; o segundo, por conciliação.

3) Pense na seguinte situação: um homem quer vender seu veículo por determinado valor, enquanto o possível comprador tem o interesse de comprá-lo por outro valor. O gráfico ilustra a Zopa entre as partes:

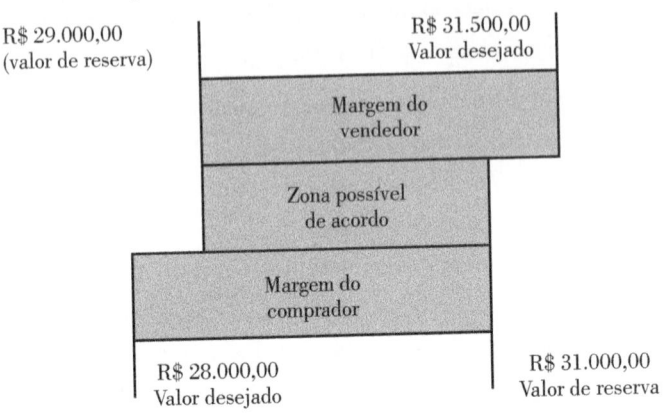

R$ 29.000,00 (valor de reserva)

R$ 31.500,00 Valor desejado

Margem do vendedor

Zona possível de acordo

Margem do comprador

R$ 28.000,00 Valor desejado

R$ 31.000,00 Valor de reserva

Fonte: Adaptado de Azevedo, 2015, p. 72.

Com base nessas informações, é correto afirmar que:
I. O preço mínimo aceito pelo vendedor é maior do que o valor que o comprador deseja pagar.
II. Não há uma Zopa.
III. É possível fazer um acordo no valor de R$ 31.000,00, mas não acima disso.
IV. O comprador está disposto a pagar o valor desejado pelo vendedor.

É correto apenas o que se afirma em:
a. II e IV.
b. II e III.

c. I e III.
d. I e II.
e. III e IV.

4) César Maranhão procurava uma fruta bonita para enfeitar sua festa de casamento. Verificou que o mirtilo vendido na feira do sr. Moreira era a fruta mais bonita que já tinha visto, porém, o preço estava muito acima do que queria. Tinha a intenção de receber um desconto pela compra em maior quantidade, porém, não foi direto com o Sr. Moreira. César foi vago e conflituoso, dizendo que o mirtilo estava bonito, mas não tinha o tamanho ideal para a festa e que seria melhor se pudesse pintá-la com corante comestível, para combinar com a decoração, entre outras questões que pudessem levar o Sr. Moreira a simplesmente baixar o preço. Por parte de César, a negociação está baseada em posição ou em interesse? Justifique sua resposta.

5) Considere o seguinte caso: Neusa procura para sua microempresa um *software* que elabore relatórios de venda de forma automatizada. Encontrou no mercado três fornecedores da região que poderiam programar o *software*. Um deles cobraria R$ 20.000,00 e entregaria em 60 dias; outro, R$ 15.000,00, com entrega em 120 dias. Já a empresa de programação X, de preferência de Neusa por ser bem conhecida no ramo, entregaria em 80 dias, com valor a negociar. Os prazos informados são inegociáveis (e Neusa não quer apressar os programadores), mas ela precisa da entrega em até 100 dias. Se Neusa decidir negociar com com X, qual seria sua Maana?

Questões para reflexão

1) O CPC dá liberdade às partes em um conflito, bem como aos profissionais, para resolver seus conflitos mediante a autocomposição de diversas maneiras. Você conhece outros métodos além dos estudados até aqui? Pesquise possíveis métodos além da conciliação, da mediação e da negociação direta.

2) Lembre-se de um conflito pelo qual você ou algum conhecido passou recentemente. Tente se recordar de como você lidou com ele (com base no tema das respostas ao conflito), em detalhes minuciosos. Se tentaram chegar a algum acordo, você consegue identificar se a negociação foi baseada em interesse ou em posição? Considerando esses pensamentos, o que você faria diferente? Escreva e publique seu texto em um ambiente acadêmico virtual ou em um *blog* na internet, compartilhe com colegas de estudos, amigos e conhecidos e ouça o que eles têm a dizer para agregar a sua visão.

Estudo de caso

Primeiros pensamentos que tenho sobre os outros: Questionário "QI de Percepção"

A maioria de nós foi condicionada a supervalorizar as pessoas com base nas impressões iniciais, afetando a forma como as percebemos em situações de conflito. Idioma, pressuposições, expectativas e valores pessoais muitas vezes influenciam nossas percepções.

Sob cada um dos tópicos a seguir você encontra quatro frases. Marque cada um com V (verdadeiro) ou F (falso), e somente depois vá à "Conclusão".

1. Questões de idioma

Você está tentando resolver um conflito com alguém que nasceu em outro país, uma pessoa que fala com um forte sotaque. A pessoa sorri o tempo todo e balança a cabeça, e até começa a rir de algo que você considera sério.

Como uma parte no conflito, você acredita que:

____ seu oponente não é muito inteligente.

____ você não está se fazendo entender.

____ ele está muito feliz e pensa que tudo é uma bobagem.

____ não há como chegar a uma solução.

2. Suposições

Você está em uma situação de conflito e de alguma forma você nunca consegue terminar uma frase.

Você está constantemente sendo interrompido e inundado com perguntas triviais ou exigência de mais detalhes. Nesta situação, você entende que:

____ a pessoa é rude e age de modo impensado.

____ a pessoa não está ouvindo – ela só quer falar.

____ a pessoa está simplesmente demonstrando compromisso e interesse.

____ a pessoa é totalmente autocentrada, talvez egoísta, e não está interessada no que está acontecendo.

3. Suposições, segunda situação

Você está em uma situação de conflito e só você fala. A outra pessoa não dá nenhuma resposta, não faz comentário algum, está praticamente muda. Para você:

_____ a pessoa é tímida e retraída (insegura).
_____ a pessoa não está interessada no que está acontecendo.
_____ a pessoa não fala sua língua.
_____ a pessoa pensa que você é excelente e cederá a tudo o que você diz ou solicita.

4. Expectativas

Você está em conflito com uma pessoa cuidadosamente preparada, vestida com um terno caríssimo de risca de giz. Você imagina que:
_____ a pessoa está tentando partir para um jogo de forças.
_____ a pessoa detém uma posição de poder no que ela faz.
_____ a pessoa é vaidosa e se importa mais com sua aparência do que em resolver o problema.
_____ a pessoa facilmente fará com que todos se sintam diminuídos.

5. Expectativas, segunda situação

Você está em uma reunião com um homem que usa um turbante e uma túnica longa e folgada. Nessa situação, você espera que:
_____ a pessoa é de um país estrangeiro e não conhecerá o idioma.
_____ a pessoa com o turbante e a túnica é tão rígida que não estará disposta a negociar uma solução.
_____ a pessoa não compreenderá inteiramente o que está acontecendo.
_____ a pessoa tem algumas crenças estranhas e incomuns.

6. Valores

Você está em conflito com uma pessoa que está tão infeliz e insatisfeita com o que diz ser a má qualidade de um serviço contratado que ela se recusa a responder qualquer sugestão que você faça sobre conversar para resolver as coisas. Ela o ataca verbalmente, irrita-se cada vez mais e levanta a voz até quase chegar à gritaria. Você decide:

____ rapidamente interromper a discussão para que uma comunicação mais produtiva possa acontecer.

____ mudar o assunto para um que seja menos volátil.

____ incentivá-la a modificar seu estilo.

____ parar o processo, porque claramente vocês dois nunca chegarão a um acordo.

Fonte: Lambert; Myers, 1999, p. 135-137, tradução nossa.

O objetivo do exercício foi demonstrar como muitas vezes criamos impressões de uma pessoa à primeira vista.

Ao marcar suas respostas, você deve ter percebido que todas as declarações podem ser verdadeiras ou falsas, dependendo do contexto. Independentemente das respostas que você tenha dado, observe as várias opções para interpretação das questões levantadas.

1. Com relação às questões de linguagem, é óbvio que a diferença de palavras e o sotaque impedem a comunicação efetiva. No entanto, respostas não verbais também podem se tornar um problema. As pessoas acenam com a cabeça, dizem "sim" e empregam gestos, mas se os falantes vêm de outras culturas, eles não transmitem necessariamente os mesmos significados que os brasileiros esperariam. Na verdade, mesmo os

sorrisos podem não significar aprovação ou prazer. Outras culturas empregam sorrisos apenas como sinal de reconhecimento, ou para encobrir o embaraço.

2. Com respeito a suposições, novamente todas as respostas podem ser verdadeiras ou falsas. Certos conflitos podem se tornar sem solução porque alguns brasileiros em uma situação de conflito têm predisposição para fazer suposições. Eles podem interpretar mal as respostas desconhecidas ou mesmo incômodas de outras partes (períodos prolongados de silêncio, comportamento agressivo, atitude excessivamente condescendente, interrupções frequentes, retirada etc.).

3. Com relação às expectativas, as pessoas muitas vezes tiram conclusões sobre *status* e autoridade com base na roupa. Suas expectativas as levam a julgar as pessoas pela forma de se vestirem, mas é importante lembrar que a roupa é parte integrante da cultura. O que as pessoas usam e seu grau de formalidade ou informalidade podem indicar que estão apenas seguindo as normas de seu próprio grupo.

4. Com respeito aos valores, as abordagens de cada um para a comunicação geralmente refletem valores diferentes. Os valores dos indivíduos podem entrar em conflito entre si e mesmo com os de um terceiro. Os remédios para amenizar sérios conflitos de valores podem variar de mudar o assunto para um problema menos controverso ou fazer uma pausa; talvez a pessoa

queixosa possa ser persuadida a se acalmar. No entanto, em algumas culturas, a melhor chance de uma resolução vem somente depois de ter sido permitido que as vozes e emoções fossem expressadas.

Embora a resolução de conflitos não exija a mudança de valores básicos, oferece uma oportunidade de combinar um comportamento confortável para ambas as partes, permitindo que os participantes mantenham seus próprios valores intactos.

II

Conteúdos do capítulo:

» Noções gerais acerca da mediação.
» Princípios que norteiam a mediação.
» Procedimento de mediação judicial e extrajudicial.
» Partes e mediador.
» Etapas da mediação.

Após o estudo deste capítulo, você será capaz de:

1. compreender que, apesar de serem inevitáveis, os conflitos podem ser enfrentados adequadamente;
2. conhecer a mediação como forma de autocomposição de conflitos;
3. compreender os deveres das partes e do mediador;
4. diferenciar a mediação da conciliação;
5. organizar uma sessão de mediação para que ela seja o mais efetiva possível.

Mediação

2.1 Mediação na solução de conflito

Os conflitos podem ser evitados? Antes de responder, pense nessa pergunta com cuidado.

Você pode responder que sim, todos os conflitos podem ser evitados, desde que uma parte abra mão do direito que ela pensa que tem, de modo que não entre em conflito com a outra por algum interesse divergente. Isso é verdade, mas, e se a parte não quer abrir mão de seu direito, é possível sempre evitar conflitos? Para compreender melhor esse tipo de situação, acompanhe o caso a seguir:

> Em um acidente de trânsito, o motorista A tem certeza de que não teve culpa, e o motorista B não demonstra nenhuma intenção de pagar pelos danos. O motorista A não quer arcar com o prejuízo, afinal, ele estava estacionado corretamente na vaga, com o carro desligado, e B reconhece que estava errado, mas se nega a pagar.
>
> É possível evitar o conflito? Não! O conflito já está instaurado.

Uma vez iniciado o conflito, surge a necessidade de resolvê-lo de maneira adequada. Um conflito mal resolvido pode ser tão danoso quanto um conflito que nem se tentou resolver; por exemplo, quando nenhuma parte ficou satisfeita com a solução – como facilmente acontece se ele é resolvido por uma terceira pessoa, como um juiz.

A mediação é um excelente meio de resolução de conflitos – explicaremos por que nos tópicos seguintes. Lembre-se de manter em mente aquela pergunta feita lá no início do livro: **Como você lidou com os conflitos pelos quais passou?**

A mediação é um "processo **voluntário** em que os participantes devem estar dispostos a aceitar a ajuda do intervenor se sua função for ajudá-los a lidar com suas diferenças – ou resolvê-las" (Brandão; Spinola; Duzert, 2010, p. 41, grifo do original).

Conforme Corinna Schabbel (2005, p. 16), "a proposta da mediação voltada para o lado da cooperação, em vez de privilegiar o lado adversarial comum ao Direito, permite despertar nas pessoas que desfazem um vínculo conjugal o desejo real de assumir suas próprias vidas". São **características da mediação**, segundo a autora:

a) do ponto de vista externo: trata-se de um processo privado, autocompositivo e transdisciplinar, definido a partir de critérios de bem-estar social, no qual atuam profissionais com elevado conhecimento técnico para orientarem as questões necessárias, buscando possibilidades de soluções para o conflito, limitadas apenas pela Ética e pelo Direito, uma vez que os acordos firmados em mediação referentes a guarda, visitas e pensão alimentícia deverão sempre ser homologados pelo Judiciário.

b) do ponto de vista interno: a mediação procura, através da depuração dos consensos e dissensos, um intercâmbio de posições e opiniões, apontar a interferência de conflitos intrapessoais na dinâmica interpessoal dos cônjuges, e objetiva a composição de um acordo pautado na colaboração, preservando a autonomia da vontade das partes. (Schabbel, 2005, p. 16, grifo do original)

A legislação pátria privilegia a mediação e outros meios autocompositivos. O Código de Processo Civil (CPC), a Lei da Mediação e a Resolução n. 125, de 29 de novembro de 2010, do CNJ, determinam a criação de Centros Judiciários de Solução Consensual de Conflitos (Cejusc) para atender "às partes com orientação e estímulo ao diálogo e à solução autocompositiva pela conciliação, pela mediação e também por meio de práticas restaurativas. O CPC de 2015, ao tratar do tema no art. 165, destaca o forte viés da **cidadania** ao afirmar caber aos Cejuscs a responsabilidade de desenvolver programas destinados a auxiliar, orientar e estimular a autocomposição (Bacellar, 2016, p. 297, grifo do original).

A mediação pode ocorrer no âmbito judicial, quando já foi instaurado um processo judicial, e extrajudicialmente, quando ocorre sem que exista processo, tendo procedimentos similares.

2.2 Princípios da mediação

Os princípios que norteiam a mediação estão dispostos nos incisos do art. 2º da Lei da Mediação – Lei n. 13.140, de 26 de junho de 2015 (Brasil, 2015b). São eles:

1. **Imparcialidade do mediador**: o mediador não tomará partido de qualquer das partes, privilegiando a aproximação delas, sem qualquer viés ou julgamento. Deste modo, o mediador, se apresentar uma proposta de solução, deve fazê-la com o fim de pacificar o conflito, sem favorecer uma parte em detrimento de outra nem esquecer a importância do diálogo entre as partes.
2. **Isonomia entre as partes**: isonomia significa ter as partes por igualmente capazes de participar da mediação, sem que uma tenha manifesta vantagem sobre a outra. Ela é determinada pela própria participação de um mediador, o qual deixa claras as regras do procedimento, e também pelas demais disposições da lei, como o dever de boa-fé (inciso VIII) e a necessidade de que, se uma parte levar advogado, a outra também deve ser assistida por um profissional jurídico (art. 10, parágrafo único).
3. **Oralidade**: as partes podem tomar e consultar notas e apontamentos a fim de lembrar os pontos importantes, e o mediador deve fazê-lo para que possa, depois, apresentar o resumo do conflito às partes, mas o centro do desenvolvimento é a fala.

4. **Informalidade**: não há regras fechadas na mediação em relação ao modo como se desenvolve ou o local onde acontece. Importa respeitar os princípios e requisitos legais, mas o caráter informal é uma característica da mediação.
5. **Autonomia da vontade das partes**: ainda que, intimamente, discorde da decisão que as partes pretendem tomar, o mediador deve ter em alto respeito e valor a autonomia que elas manifestam no ato da mediação. Uma vez que há isonomia entre elas, também garantida pelo mediador, este deve informá-las do que for essencial de acordo com a percepção do conflito, mas não deve avançar sobre a autonomia das partes em decidir. Pelo princípio da autonomia, temos também a plena liberdade de que, a qualquer momento, elas possam recusar as propostas apresentadas e até mesmo, respeitosamente, abandonar a mediação.
6. **Busca do consenso**: uma vez aproximadas as partes no procedimento de mediação, deve-se lembrar a razão pela qual estão ali. Não é obrigatório o consenso, mas deve ser o objetivo.
7. **Confidencialidade**: o que ocorre em uma sessão de mediação é, em regra, sigiloso.
8. **Boa-fé**: segundo Castro (2004), nosso ordenamento jurídico propugna "a boa-fé nas relações negociais, exigindo das partes em especial o dever de veracidade, integridade, honradez e lealdade". São esses deveres que estão implícitos no princípio geral da boa-fé.

O CPC, no art. 166, também delineia alguns desses princípios e coloca outros. Diz o dispositivo: "A conciliação e a mediação são informadas pelos princípios da independência, da imparcialidade, da autonomia da vontade, da confidencialidade, da oralidade, da informalidade e da decisão informada" (Brasil, 2015a). Você consegue perceber quais são os princípios que estão no CPC, mas não na Lei da Mediação? Perceba, marque-os e conheça-os.

Já marcou? Vamos conferir, então, as diferenças.

Quadro 2.1 – Princípios da mediação

<table>
<tr><th colspan="3">Princípios da mediação</th></tr>
<tr><th></th><th>Segundo a Lei da Mediação (princípios gerais)</th><th>Segundo o CPC (princípios da mediação judicial)</th></tr>
<tr><td rowspan="5">Semelhantes</td><td>Imparcialidade do mediador</td><td>Imparcialidade</td></tr>
<tr><td>Oralidade</td><td>Oralidade</td></tr>
<tr><td>Autonomia da vontade das partes</td><td>Autonomia da vontade</td></tr>
<tr><td>Informalidade</td><td>Informalidade</td></tr>
<tr><td>Confidencialidade</td><td>Confidencialidade</td></tr>
<tr><td rowspan="3">Diferentes</td><td>Isonomia entre as partes</td><td>Decisão informada</td></tr>
<tr><td>Busca do consenso</td><td>Independência</td></tr>
<tr><td>Boa-fé</td><td></td></tr>
</table>

Essas diferenças dizem respeito ao fato de que o CPC prevê especificamente os princípios da mediação **judicial**. No entanto, ainda assim, são também princípios gerais e, mesmo quando não se repetem em ambas as leis, são ainda assim aplicáveis a toda e qualquer mediação.

Trazendo os princípios explicitados no CPC, vejamos as explicações, conforme o Tribunal de Justiça do Distrito Federal e dos Territórios:

Independência – mediadores e conciliadores conduzirão as sessões sem sofrer qualquer pressão interna ou externa. Desse modo, terão a prerrogativa de recusar, suspender ou interromper a sessão, se não estiverem presentes as condições necessárias para o seu bom desenvolvimento.

Voluntariedade – este princípio garante que as partes só devem participar de uma mediação ou de uma conciliação de forma espontânea, com exceção da obrigatoriedade da participação na sessão de conciliação dos Juizados Especiais. Tal princípio garante ainda que ninguém é obrigado a concordar com uma proposta que não atenda aos seus interesses.

Neutralidade e imparcialidade – na mediação e na conciliação, o mediador ou o conciliador têm o dever de proceder sem que haja qualquer interesse que beneficie somente um dos envolvidos no conflito, bem como o dever de não tomar partido de nenhum dos lados.

Decisão informada – as partes devem ter a plena consciência de seus direitos e a realidade fática na qual se encontram como condição de legitimidade, para que resolvam a disputa por meio de um acordo.

Confidencialidade – o mediador e o conciliador têm o dever de manter sigilo sobre todas as informações obtidas na sessão, salvo autorização contrária das partes, violação à ordem pública ou às leis vigentes, não podendo ser testemunha do caso nem atuar como advogado dos envolvidos, em nenhuma hipótese.

Oralidade e informalidade – a mediação e a conciliação não se baseiam na produção de provas. O mais importante ao tentar resolver um conflito de forma consensual é que as partes estabeleçam uma comunicação produtiva por meio de um diálogo que permita o entendimento e a busca por soluções que satisfaçam ambos os lados. Apesar do caráter informal, o que for decidido na sessão será homologado por magistrado e terá validade jurídica

Fonte: Brasil, 2016.

Por fim, conforme a definição legal do art. 1º, parágrafo único, da Lei da Mediação, mediação é "a atividade técnica exercida por terceiro imparcial sem poder decisório, que, escolhido ou aceito pelas partes, as auxilia e estimula a identificar ou desenvolver soluções consensuais para a controvérsia" (Brasil, 2015b).

Em uma mediação judicial – aquela posta em execução depois que já foi instaurado um procedimento judicial pelo protocolo da petição inicial –, o próprio juiz da causa poderá funcionar como conciliador ou mediador. Um juiz com tato, capacitação e sensibilidade pode gerar resultados estupendos como conciliador, mas a estrutura do Judiciário e o tempo do juiz são diminutos para isso. "Um juiz bem preparado é capaz de perceber os conflitos reais e aparentes, mas faltam estrutura e tempo para resolvê-los efetivamente, pois as audiências de conciliação são marcadas de meia em meia hora na pauta diária, ou seja, tempo insuficiente para um acordo que seja realmente satisfatório para ambos." (Sales; Damasceno, 2017, p. 18).

Isso é possível, mas não é recomendado: pela questão jurisdicional, o juiz é uma pessoa muito cara ao Estado para realizar uma tarefa que outro possa realizar com custo menor e com igual ou melhor desempenho; até pelo bem da própria mediação, não convém que o juiz atue nessa posição porque, embora como mediador não possa se valer de qualquer informação para o julgamento (se não houver acordo), na prática é difícil, se não impossível, ignorar o que passou a conhecer na sessão de mediação. De igual modo, sua presença pode intimidar as partes, dificultando a comunicação. Por isso é oportuna a atuação de pessoas designadas especialmente para a função de mediador.

2.3 Objeto da mediação

Conforme o art. 3º da Lei da Mediação, pode ser objeto de mediação o conflito que verse sobre direitos disponíveis ou sobre direitos indisponíveis que admitam transação. Aprofundemos o entendimento desse dispositivo.

Em uma conceituação simples, os direitos disponíveis são aqueles que podem ser negociados livremente pela parte, por exemplo, dano a um veículo em virtude de um acidente. Pelo contrário, direitos indisponíveis não podem ser totalmente negociados ou têm algum impedimento quanto a isso.

Os direitos disponíveis sempre podem ser transacionados, pois as partes podem dispor deles livremente. A maioria dos casos que presenciamos no dia a dia admite isso: compensação por danos morais pelas mais diversas ofensas; reparação de dano material por diversos fatos; reclamação de som alto entre vizinhos etc.

Com uma explicação mais detalhada, a disponibilidade ou a indisponibilidade de um direito têm mais especificidades: "é indisponível o direito a respeito do qual existe um impedimento expresso ou implícito (ou seja, derivante da natureza intrínseca do mesmo), de renúncia ou perda" (Verde, citado por Lima, 2009, p. 51).

> A indisponibilidade [...] comporta graus. Assim, pode ser absoluta ou relativa. A primeira envolve situações excepcionalíssimas, tais como o direito à vida, à personalidade e ao trabalho livre. A indisponibilidade relativa atinge a uma gama significativa de direitos e garantias: alimentos, registro do contrato de emprego na CTPS, salários, estabilidade e garantia no emprego, depósitos do FGTS, horas extras, adicional de insalubridade, de periculosidade e noturno, férias, repouso semanal remunerado, aviso prévio e intervalo para descanso. Na indisponibilidade relativa, ao contrário do que se passa na absoluta,

a renúncia e a transação têm lugar, conquanto sujeitas a restrições e limitações. Mas não se pode negar que o salário, o aviso prévio, as férias, os adicionais, a garantia de emprego e outros direitos "indisponíveis e irrenunciáveis", ordinariamente, encontram no judiciário trabalhista sede para transações, acordos e conciliações que denotam a relatividade da indisponibilidade. (Damiano, 2002, p. 18)

Assim, por exemplo, nenhuma pessoa pode se obrigar a ceder a própria vida, ou a trabalhar como escravo, pois seu direito à vida e à liberdade de ofício são **absolutamente** indisponíveis. O autor até mesmo menciona direitos trabalhistas que, sendo considerados indisponíveis e irrenunciáveis, encontram base para negociação quando as partes se encontram no Judiciário. Adiantando o tema da arbitragem, ressaltamos que, embora se admita a transação quanto a esses direitos, não é sempre que podem ser decididos por um árbitro – pelo contrário, vigora o entendimento de que questões trabalhistas individuais não podem ser resolvidas pela via arbitral, salvo o que dispõe o art. 507-A da Consolidação das Leis do Trabalho (CLT), acrescentado pela Lei n. 13.467, de 13 de julho de 2017: "Nos contratos individuais de trabalho cuja remuneração seja superior a duas vezes o limite máximo estabelecido para os benefícios do Regime Geral de Previdência Social, poderá ser pactuada cláusula compromissória de arbitragem, desde que por iniciativa do empregado ou mediante a sua concordância expressa, nos termos previstos na Lei nº 9.307, de 23 de setembro de 1996." (Brasil, 2017).

Alguns direitos indisponíveis podem ser transacionados, pois isso ocorrerá relativamente. Por exemplo, o filho reconhecido apenas pela mãe, que pede reconhecimento de paternidade, pode participar de uma mediação para que o pai aceite, de livre vontade, esse reconhecimento. Poderá ser necessária a intervenção do Ministério Público, conforme o art. 178 do CPC e o art. 3º, parágrafo 2º, da Lei da Mediação: "O consenso das partes envolvendo direitos indisponíveis, mas transigíveis, deve ser homologado em juízo, exigida a oitiva do Ministério Público" (Brasil, 2015b).

Outros direitos indisponíveis não admitem negociação, como aqueles que dizem respeito ao Direito Penal. Salvo no Juizado Especial Criminal, os crimes não admitem solução com base em negociação – por exemplo, roubo à mão armada, homicídio, tráfico de entorpecentes –, porque o Estado tem o dever de julgar perante a sociedade, ainda que a vítima direta do crime se satisfaça com um pedido de desculpas ou uma indenização.

Há direitos que são indisponíveis porque a pessoa, embora detenha o direito, não pode dispor dele, isto é, não pode abrir mão dele. Uma ação de exoneração de alimentos, proposta por um pai que não deseja mais pagar pensão alimentícia, não pode ser aceita livremente pela criança que perderá o direito, não só porque ela é menor, mas porque há um dever fundamental de cuidado parental. Por outro lado, pode, sim, ser negociada uma redução, desde que justificada, sempre com participação do Ministério Público (por força do art. 178, inciso II, do CPC).

Outro exemplo de direito indisponível é a filiação. Considere A, filho do falecido sr. X. Caso outro filho do sr. X, B, queira comprovar que A não é filho, A não pode simplesmente dar razão a B, porque ser filho do sr. X é uma situação social, de interesse público, que não pode ser negociada pela via da mera vontade. Assim, nesse caso, ou B desiste da ação (e a mediação pode servir para fortalecer a relação entre as partes e levar à desistência da ação), ou o processo deverá ser julgado por um juiz para decidir se assiste razão a B ou não.

De acordo com a Lei da Mediação, a mediação pode versar sobre todo o conflito ou parte dele (art. 3º, §1º). O conflito pode ser resolvido em relação a uma questão, mas não em relação a outra, que pode ser deixada para mais tarde ou pode ir para resolução judicial. Assim, por exemplo, Arnaldo gostaria que Sônia, vizinha de muro, aumentasse a chaminé para não ir fumaça para sua casa e que ela limpasse toda a sujeira que impregnou o telhado. É perfeitamente possível o acordo parcial, em que Sônia concorda em aumentar a chaminé e se compromete com isso, mas não concorda em limpar a sujeira do telhado de Arnaldo, porque considera que já estava sujo antes.

2.4 Partes e mediador

Os participantes em uma mediação, ordinariamente, são três: o mediador e as duas partes em conflito.

As partes são as pessoas que têm um conflito entre si a ser resolvido. Pode haver mais de uma pessoa em cada lado do conflito, por exemplo, sócios de um empreendimento em relação a um devedor, um casal em relação ao casal de vizinhos.

O mediador é aquele que:

> *ajuda as partes principais a chegarem, de forma voluntária, a um acordo mutuamente aceitável das questões em disputa. [...] O objetivo do mediador é ajudar as partes a negociarem de maneira mais efetiva. O mediador não resolve o problema nem impõe solução, sua função é ajudá-los a buscar o melhor caminho e fazer com que estejam de acordo depois de encontrada [sic] as soluções. O mediador tem controle do processo, mas não dos resultados.* (Brandão; Spinola; Duzert, 2010, p. 41)

O mediador é designado pelo tribunal ou escolhido pelas partes (art. 4º da Lei da Mediação). A nomeação do mediador pode se dar de comum acordo entre as partes. Havendo processo judicial, ele será designado pelo tribunal, independentemente de aceitação das partes. Isso porque, na mediação judicial, por expressa previsão legal (art. 25), os mediadores não estão sujeitos à prévia aceitação das partes.

Pela regra do art. 5º, o mediador não pode atuar na causa se estiver legalmente impedido ou suspeito, segundo as normas de impedimento e suspeição aplicáveis a juiz (conforme os arts. 144 e 145 do CPC). A pessoa designada para ser mediadora tem o dever de revelar às partes, antes da aceitação da função, qualquer fato ou circunstância que possa suscitar dúvida justificada em relação a sua imparcialidade para mediar o conflito, a fim de que as partes tenham a oportunidade de recusá-la.

Quanto às partes, seus deveres são poucos: devem ter boa-fé e estar abertas para ouvir e respeitar as regras do procedimento. Parecem regras simples, mas, no calor das emoções de um conflito, o mediador precisa ter muita habilidade para conduzir o procedimento com respeito às regras acordadas e respeito mútuo.

O mediador deve guardar alguns preceitos, conforme observamos no *Manual da mediação judicial*, destacados a seguir.

Princípios norteadores da conduta do mediador

A conduta do mediador deve estar pautada na realização dos diversos princípios norteadores de processos autocompositivos. Entre eles destacam-se:

a. **Princípio da neutralidade e imparcialidade de intervenção.** O princípio da neutralidade e imparcialidade de intervenção determina que, ao desenvolver seu ofício, o autocompositor proceda com neutralidade – isto é, isento de vinculações étnicas ou sociais com qualquer das partes – bem como se abstendo de tomar partido no curso da autocomposição. Cabe registrar que essa imparcialidade de intervenção deve ser percebida pelas próprias partes, cabendo ao mediador conduzir o processo de forma a assegurar tal percepção.

b. **Princípio da consciência relativa ao processo.** Outro mandamento nuclear relevante a processos autocompositivos consiste no princípio da consciência relativa ao processo. Segundo esse princípio, as partes devem compreender as consequências de sua participação no processo autocompositivo, bem como a liberdade de encerrar a mediação a qualquer momento. Como corolário, por esse princípio recomenda-se que as partes sejam estimuladas a tratarem a autocomposição como uma efetiva oportunidade para se comunicarem de forma franca e direta, pois, considerando a confidencialidade do que é debatido em mediação, elas somente têm a ganhar com essa comunicação aberta. Cabe registrar que, em especial em autocomposições forenses, ante a aproximação com a estrutura estatal, muitas partes demonstram receio de que o mediador conte ao magistrado os pontos materiais debatidos na mediação e, devido a essa equivocada percepção, frequentemente se abstêm de os exprimirem com franqueza ou veracidade. Diante de uma situação como esta exemplificada, cabe ao(s) mediador(es) explicar adequadamente o funcionamento do processo de mediação e assegurar às partes a confidencialidade da autocomposição para que elas possam desenvolver adequada consciência quanto a esse processo autocompositivo.

c. **Princípio do consensualismo processual.** Outro elemento fundamental à autocomposição consiste no princípio da autonomia de vontades ou consensualismo processual. Por este princípio se estabelece que somente deve haver mediação se as partes consentirem espontaneamente com esse processo. A despeito de alguns ordenamentos jurídicos estabelecerem a obrigatoriedade da autocomposição, como em alguns casos, multas para as partes que não aceitarem determinadas propostas de acordos, a maior parte da doutrina especializada entende que a participação voluntária mostrase necessária, em especial em países que ainda não desenvolveram uma cultura autocompositiva adequada, para a obtenção de resultados legítimos. Vale ressaltar que, no Brasil, a obrigatoriedade da conciliação em sede de Juizados Especiais consiste tão somente na presença das partes na sessão de conciliação – dessa forma, as partes não estão obrigadas a conciliar.

d. **Princípio da decisão informada.** Considerado por alguns como corolário do princípio da autonomia de vontades ou consensualismo processual, o princípio da decisão informada estabelece como condição de legitimidade para a autocomposição a plena consciência das partes quanto aos seus direitos e a realidade fática na qual se encontram. Nesse sentido, somente será legítima a resolução de uma disputa por meio de autocomposição se as partes, ao eventualmente renunciarem a um direito, tiverem plena consciência quanto à existência deste seu direito subjetivo. Da mesma forma, por razões mais bem explicadas pela psicologia cognitiva, frequentemente as partes têm suas percepções quanto aos fatos ou aos seus interesses alteradas em razão do envolvimento emocional de uma disputa. Nesse contexto, cabe ao mediador aplicar técnicas específicas (*e.g.* teste de realidade) para que as partes possam aprender a utilizar da melhor maneira possível o processo autocompositivo.

e. **Princípio da confidencialidade.** Pelo princípio da confidencialidade se estabelece que as informações constantes nas comunicações realizadas na autocomposição não poderão ser ventiladas fora desse processo nem poderão ser apresentadas como provas no eventual julgamento do caso, nem em outros processos judiciais. Nesse sentido, o mediador não pode servir como testemunha acerca de fato relacionado com seu ofício como facilitador de comunicações. Em regra, pode-se afirmar que a eficiência do mediador está relacionada à confiança que as partes depositam nele e à segurança de que alguns pontos debatidos em mediação não poderão ser utilizados como prova em um processo judicial. Sem poder coercitivo sobre as partes, o mediador depende da melhora da comunicação (se não de uma verdadeira construção de confiança) entre os disputantes. Portanto, a disposição de se expressar com franqueza é essencial à eficácia do processo, isso porque para que as partes possam se comunicar com maior liberdade há de ser garantido o sigilo profissional, para evitar o uso dessas informações em um ulterior julgamento. [...]

f. **Princípio do empoderamento.** Como mencionado anteriormente, com a reinclusão de novos processos autocompositivos em modernos sistemas processuais, estes passaram a incorporar novos escopos, como a capacitação (ou empoderamento) das partes (i.e. educação sobre técnicas de negociação e resolução de conflitos) para que as partes em disputa possam, cada vez mais, por si mesmas compor parte de seus futuros conflitos. Nesse contexto, o princípio do empoderamento estabelece a necessidade de haver um componente educativo no desenvolvimento do processo autocompositivo que possa ser utilizado pelas partes em suas relações futuras. Considerando que o mediador estabelece uma relação com as partes de modo a estimular a comunicação, espera-se em razão do princípio do empoderamento que, após uma adequada autocomposição, as partes tenham aprendido, ainda que parcialmente, algum conjunto de técnicas de negociação e aperfeiçoado as suas formas de comunicação tornando-a mais eficiente inclusive em outros contextos.

g. **Princípio da validação.** Pelo princípio da validação se estabelece importante disposição na medida em que institui maior humanização do processo de resolução de disputas. Esse princípio preconiza a necessidade de reconhecimento mútuo de interesses e sentimentos visando a uma aproximação real das partes e uma consequente humanização do conflito decorrente da maior empatia e compreensão. A participação de um terceiro neutro ao conflito no decorrer do processo direciona cada parte para que tome consciência dos seus interesses, sentimentos, necessidades, desejos e valores, e para que cada uma venha a entender como e porque algumas das soluções ventiladas satisfazem ou não as suas necessidades. Nessa linha, estando ausentes a conscientização ou a compreensão desses valores, as partes estarão menos dispostas e aptas a criar soluções ou a sugerir propostas. Ademais, ao instruir as partes sobre a melhor maneira de se comunicar, de examinar as questões controvertidas e de negociar com a outra parte, o terceiro neutro ao conflito está capacitando (ou empoderando) as partes, habilitando-as a lidar não somente com o conflito em análise, mas também com futuras controvérsias.

h. **Princípio da simplicidade.** A simplicidade traduz-se na desburocratização das formas, bem como aproveitamento dos atos que não comprometam o fim buscado (instrumentalidade das formas) objetivando sempre descomplicar o procedimento, tornando-o totalmente compreensivo às partes.

Fonte: Azevedo, 2016, p. 250-253.

É importante ressaltar que a imparcialidade do mediador e sua neutralidade não significam a assunção de uma postura impenetrável, como um muro de pedras cognitivo. Há, isso sim, um modo específico de agir e, principalmente, de falar, que diferem de um juiz. Por exemplo, ao ouvir a explanação de uma das partes sobre a situação que levou à mediação, o mediador não deve concordar ou discordar, mas pode afirmar, com gestos ou palavras, que está compreendendo e acompanhando o raciocínio. Do mesmo modo, ao fazer perguntas, não deve fazê-las de modo investigativo, constrangendo a parte a detalhar em profundidade um ponto específico que pode ser mais sensível; esse tipo de pergunta é aceitável para um juiz, não a um mediador nem a um conciliador. Uma inquirição mais invasiva não propicia que se chegue a um acordo e pode levar a parte a se fechar.

Agora, há a oportunidade de um incentivo positivo, um "afago", quando as pessoas contribuem para o entendimento mútuo. Quando uma das partes propõe um acordo, é correto que o mediador, sem que concorde ou discorde da proposta propriamente dita, valorize a atitude da parte com uma espécie de elogio: "vejo que estão buscando a melhor maneira de chegar a uma solução, e isso é muito positivo". Trata-se de um incentivo, um reforço à atitude de autocomposição.

Acerca do processo de mediação, o mediador tem variados papéis para garantir que, mesmo sem acordo, as partes tenham a oportunidade de se comunicar e saiam satisfeitas do processo. André Gomma de Azevedo (2015) traz esses papéis:

» **Defensor do processo.** O mediador não deve demonstrar parcialidade quanto às questões de mérito, ou seja, quem tem ou não tem razão sobre determinada questão. Contudo, deve estar engajado na defesa do regular seguimento do processo, atento às garantias e aos direitos inerentes a cada parte no transcorrer do processo de mediação.

» **Tom de voz eficiente.** A entonação da voz do mediador pode produzir reações nas partes. Do tom mais moderado ao mais incisivo, a voz constitui um importante mecanismo de controle da sessão de mediação.

» **Atenção à comunicação não verbal.** O mediador é um modelo de comportamento para as partes. A todo momento dirige a forma como as partes agem no processo por meio de suas próprias atitudes, que são exemplo, por meio de gestos, seu modo de se comunicar e seu semblante. Seu comportamento não deve transparecer preocupações pessoais nem se deve fixar o olhar sempre em um mesmo participante.

» **Evitamento de que as partes firmem posições em vez de interesses.** Aqui entra a questão da negociação baseada em posição e da negociação baseada em interesse. A identificação dos interesses das partes é etapa essencial para a obtenção de um acordo no processo de mediação, pois as partes começam a perceber as perspectivas e necessidades uma da outra, tornando-as mais cientes da plenitude da causa na solução das questões corretas quando da elaboração do acordo.

» **Confiança no processo.** Deve-se lembrar que, quando as partes percebem que seus sentimentos e emoções foram bem recebidos e aceitos pelo mediador, sentem que podem confiar nele e no processo. Isso não significa concordar com o que a parte diz, pois o mediador deve ser imparcial. Significa que a parte foi ouvida e sua mensagem foi passada ao mediador. Trata-se de transmitir às partes a confiança no mediador e no processo como um todo.

» **Linguagem apropriada.** A resposta apropriada e as palavras corretas, no momento certo, garantem o máximo proveito da mensagem. Controlar a língua é uma virtude de todo ser humano e um dever do mediador.

> Qual é a linguagem a ser empregada em uma mediação?
> Imagine: o mediador chega à sessão de mediação e, antes mesmo de se sentar, faz um gracejo: "E aí, o que vocês têm de errado? Qual é o problema? Vamos desatar esse nó que vocês criaram!".

Para que uma sessão de mediação tenha bons resultados, é imprescindível adotar algumas técnicas.

Em primeiro lugar, é preciso conhecer os envolvidos. Nem todas as pessoas têm o preparo necessário para participar de maneira proveitosa, por isso, o primeiro passo é explicar o que significa a mediação.

É importante evitar o uso da palavra *problema*, como em "Vamos resolver este problema!".

O mediador e o conciliador, bem como as partes envolvidas, devem preferir utilizar expressões positivas em cada detalhe. Termos negativos criam a ideia de embaraço, de barreira, e quem os ouve já desenvolve, automaticamente, uma postura defensiva, de evitar participar daquele momento.

Prefira expressões mais harmoniosas, por exemplo:
» A superação desse desafio é nossa missão hoje.
» Vamos solucionar o caso da melhor maneira para ambos.

As palavras constroem o mundo daquele que fala e daquele que ouve; o pensamento normalmente ocorre em palavras e é comunicado por palavras, que devem ser sabiamente escolhidas. O mediador deve utilizar uma linguagem apropriada. A ele acorrem diferentes tipos de pessoas, "possivelmente com níveis socioeconômicos e culturais diferentes. A linguagem, mal empregada, pode distanciar as partes cada vez mais de um provável acordo" (Azevedo, 2016, p. 221).

Outros traços do comportamento do mediador são:

> *Durante o processo de mediação, devem ser evitados termos agressivos ou que estimulem as partes a perceber o conflito de forma polarizada. Isso vale tanto para as partes quanto para o mediador cujo comportamento deverá servir, antes de tudo, como modelo para elas.*
>
> *Quanto ao senso de humor, desde que não seja ofensivo às partes, pode ser utilizado. Isso significa que são vedadas as piadas que envolvam determinado tipo social, crença ou qualquer aspecto cultural ou racial que possa estar ligado às partes. O que se sugere é o uso do humor ingênuo, apenas para tornar o ambiente mais agradável e que não desvirtue o propósito da sessão. Vale ressaltar também que esta característica pessoal de alguns bons mediadores não é essencial para que alguém torne-se um excelente mediador – trata-se apenas de um instrumento positivo que pode ou não ser incorporado por um mediador – a depender da sua orientação pessoal como mediador e personalidade.* (Azevedo, 2016, p. 221)

Na mediação, e em todo conflito, não há necessidade de um "diálogo como se um estivesse errado e o outro certo. Parte-se do pressuposto que todos tenham interesses congruentes – como o de ter uma mediação que se desenvolva em curto prazo com a melhor realização de interesses das partes e maior grau de efetividade de resolução de disputas" (Azevedo, 2016, p. 53).

Por isso, o mediador deve afastar o conflito das pessoas, pois é justamente essa dificuldade, a de enxergar objetivamente, um dos grandes pontos que leva à necessidade de mediação. Às vezes, o conflito não se encerra apenas naquilo que está aparente. Quando a essência do conflito se manifesta de forma clara, é possível resolver mais facilmente o pano de fundo conflituoso que poderia se manifestar em novos conflitos.

Assim, com os estudos deste tópico, chega-se à suma de que o mediador, e mesmo o conciliador, deve se empenhar em que as partes "consigam entender suas metas e interesses e, desse modo, possam construtivamente criar e encontrar suas próprias soluções" (Guilherme, 2016), auxiliando-as a esclarecer pontos obscuros e não negando as emoções, mas validando os sentimentos ao mesmo tempo que os relega a um lugar secundário na solução do cerne do conflito.

Para se tornar um mediador, é necessário obter informações com o Tribunal de Justiça da unidade federativa em que se pretende atuar. O art. 169, parágrafo 1º, do CPC dispõe que "A mediação e a conciliação podem ser realizadas como trabalho voluntário, observada a legislação pertinente e a regulamentação do tribunal". Muitas vezes, efetivamente, a maior parte do trabalho de mediação e conciliação é realizada por voluntários, seguindo o modo de convocação e de treinamento do Tribunal de Justiça de cada estado.

2.5 Procedimento de mediação

Qualquer parte interessada em resolver um conflito por mediação pode fazer à outra um convite ou dispor em contrato que os conflitos oriundos dele serão resolvidos preferencialmente por mediação.

Em caso de convite, diz a lei: "O convite para iniciar o procedimento de mediação extrajudicial poderá ser feito por qualquer meio de comunicação e deverá estipular o escopo proposto para a negociação, a data e o local da primeira reunião" (art. 21 da Lei da Mediação). Se a outra parte não responder em até 30 dias do recebimento, o convite será considerado rejeitado.

Um contrato também pode prever que eventual conflito deverá previamente passar por mediação. Conforme o art. 22 da Lei da Mediação, a previsão contratual de mediação extrajudicial deve conter ao menos:

> I – prazo mínimo e máximo para a realização da primeira reunião de mediação, contados a partir da data de recebimento do convite;
> II – local da primeira reunião de mediação;
> III – critérios de escolha do mediador ou equipe de mediação;
> IV – penalidade em caso de não comparecimento da parte convidada à primeira reunião de mediação. (Brasil, 2015b)

De acordo com o parágrafo 1º do art. 22 da Lei da Mediação, a previsão contratual pode, em vez dos itens anteriores, optar pelo regulamento, "[...] publicado por instituição idônea prestadora de serviços de mediação, no qual constem critérios claros para a escolha do mediador e realização da primeira reunião de mediação" (Brasil, 2015b). Assim, vejamos o modelo de cláusula de mediação sugerido pela Amcham (American Chamber of Commerce for Brazil – Câmara Americana de Comércio):

> **Opção 1**
> Qualquer disputa oriunda do presente contrato ou com ele relacionada, inclusive qualquer disputa decorrente de sua existência, validade ou extinção, será resolvida por mediação de acordo com Regulamento de Mediação do Centro de Arbitragem e Mediação da Câmara Americana de Comércio para o Brasil – São Paulo.

> **Opção 2**
>
> Havendo qualquer disputa oriunda do presente contrato ou com ele relacionada, inclusive qualquer disputa decorrente de sua existência, validade ou extinção, as Partes resolverão a disputa por mediação de acordo com o Regulamento de Mediação do Centro de Arbitragem e Mediação da Câmara Americana de Comércio para o Brasil – São Paulo. Se a disputa não for solucionada no prazo de ____ dias após o Pedido de Mediação, a disputa será resolvida por arbitragem de acordo com o Regulamento de Arbitragem do Centro de Arbitragem e Mediação da Câmara Americana de Comércio para o Brasil – São Paulo.

Fonte: Amcham Brasil, 2017.

A Câmara ou o Centro de Arbitragem pode ser livremente escolhido pelas partes, não apenas os nomeados nos modelos apresentados. Diversos outros podem ser encontrados na internet. A maioria das Câmaras de Arbitragem disponibiliza um modelo sugerido em sua página, mais ou menos nos mesmos moldes.

Na mediação judicial (quando o conflito se tornou um processo), por força de lei, as partes devem estar acompanhadas de advogado, salvo se o próprio processo judicial dispensar advogado (caso dos juizados especiais cíveis estaduais, em causas de até 20 salários mínimos, e dos juizados especiais federais, em causas de até 60 salários mínimos), conforme o art. 26 da Lei da Mediação.

Na mediação extrajudicial, as partes não precisam estar assistidas por advogado, mas têm o pleno direito de optar por tê-lo e levá-lo às sessões. O mediador pode e deve orientar o advogado sobre como se portar, mas não pode impedi-lo de ingressar ou proibi-lo de se manifestar.

Há dois detalhes sobre o advogado na sessão de mediação que é preciso compreender. Em primeiro lugar, se uma parte leva um advogado, a outra deve estar assistida também por um ou, se houver no local, por um defensor público, para garantir a igualdade e paridade de armas. Essa é uma regra da Lei dos Juizados Especiais – Lei n. 9.099 (Brasil, 1995) – que também existe na mediação. Diz a lei, no art. 9º, parágrafo 1º: "Sendo facultativa a assistência, se uma das partes comparecer assistida por advogado, ou se o réu for pessoa jurídica ou firma individual, terá a outra parte, se quiser, assistência judiciária prestada por órgão instituído junto ao Juizado Especial, na forma da lei local". Já a Lei da Mediação, no art. 10, parágrafo único, diz: "Comparecendo uma das partes acompanhada de advogado ou defensor público, o mediador suspenderá o procedimento, até que todas estejam devidamente assistidas".

O segundo detalhe a respeito do advogado atuante na mediação é sobre seu papel: a participação do advogado no procedimento fica em segundo plano e não deve ofuscar a negociação que ocorre entre as partes por meio do mediador. Como não se trata de entrar em um embate, ao advogado não compete impor-se, impedir o andamento da mediação, suscitar contenda ou manifestar desprezo por propostas ou pela atuação das partes ou do mediador. Uma vez que se procura harmonia, o advogado pode orientar previamente seu cliente para entender melhor o que acontecerá e, nessa sessão, trazer propostas para a solução nas quais o próprio cliente não tenha pensado.

Podemos, agora, passar às etapas do procedimento de mediação, tratando da forma prática como ele ocorre. Porém, antes de tudo, devemos ter em mente que a autocomposição é sempre uma opção: nenhuma pessoa pode ser obrigada a permanecer em um procedimento de conciliação ou de mediação, muito menos pode ser coagida a realizar um acordo (art. 2º, §2º, Lei da Mediação).

O CPC torna obrigatória a presença da parte ou de seu advogado em audiência agendada de autocomposição (art. 334, §8º), porém a obrigação é apenas essa (igual à obrigação do §1º do mesmo artigo). Ao comparecer, a parte pode deixar claro que não quer negociar nem procurará um acordo, usando, assim, o princípio da autonomia da vontade das partes (art. 2º, inciso V, Lei da Mediação).

Se as partes estiverem abertas, a mediação tem um efeito profundo não apenas sobre o modo como pretendem resolver o conflito, mas com relação a elas mesmas. Veja a descrição a seguir do exercício de um mediador e das partes na percepção do conflito:

> "Frequentemente as partes apresentam-se perante um juiz de direito com uma demanda que foi negociada diretamente pelas partes ou por intermédio de advogados. A experiência tem mostrado que mesmo nesses casos a mediação pode ser útil na medida em que um mediador com treinamento adequado auxilia a melhor delimitar as questões a serem debatidas e identificar os interesses subjacentes – aqueles que apesar de muitas vezes não serem juridicamente tutelados são relevantes para as partes. Existem muitos tipos de dificuldades surgidas em negociações que um bom mediador pode auxiliar a ultrapassar. Assim, um eficiente mediador pode reduzir o risco de que alguma questão artificial ou evitável venha a impedir as partes a chegarem [sic] a uma solução construtiva. Por exemplo, algumas vezes as partes deixam de chegar a um consenso por terem interpretado erroneamente a comunicação da outra parte ou porque tenham se equivocado quanto às alternativas que possuem para a eventualidade do acordo não ser alcançado. Assim, há casos em que uma parte entra com uma ação de indenização pleiteando R$ 100.000,00 (cem mil reais) de danos morais por negativação

indevida no SPC e efetivamente acreditando que receberá um valor semelhante ao pedido. De fato, sabemos que somente em situações muito excepcionais algum juiz de direito fixaria condenação em tal montante. Vale mencionar também que um bom mediador fará uso da confidencialidade desse processo para se reunir individualmente com cada parte para obter informações mais seguras sobre as expectativas, os interesses e as necessidades de cada um. A experiência tem mostrado que as partes são frequentemente mais francas e flexíveis quando eles lidam com um mediador que confiam pois este permite que visualizem melhor o tipo de solução consensuada que podem obter. Ainda, um bom mediador pode reduzir a chamada 'reação desvalorizadora' – um conceito de psicologia cognitiva referente à tendência em uma negociação das partes desacreditarem, desconfiarem ou desvalorizarem certa proposta tão somente porque foi apresentada pela parte contrária. Para auxiliar a resolver essa questão, o mediador frequentemente se coloca como fonte de eventuais propostas ou as apresenta de forma neutra e recontextualizada. Ao se trazer um mediador para uma disputa, as partes muitas vezes reduzem efeitos negativos de confrontos de personalidades e outros conflitos interpessoais. Isso porque algumas vezes a personalidade de uma das partes ou advogados prejudica a dinâmica da negociação. Um mediador adequadamente treinado pode neutralizar esse tipo de problema pelo modo com que requer que as partes se tratem, orientando a forma da comunicação entre estas e utilizando, quando necessário, de sessões individuais."

Fonte: Azevedo, 2016, p. 144.

Uma vez aceita a mediação, o procedimento desenvolve-se basicamente em seis etapas: abertura; *rapport*; negociação; redação do acordo; se a mediação for judicial (dentro de um processo), submissão do acordo para homologação pelo juiz; e fechamento.

Antes do início da mediação propriamente dita, o mediador deve ter um momento de **preparação**, conforme o *Manual de mediação judicial*: antes de recepcionar as partes, deve preparar o local em que será realizada a mediação: "mesa, iluminação, temperatura do ambiente, privacidade, água, café, local adequado para a realização das sessões privadas", materiais de escritório, entre outros que possam ser pertinentes. Deve-se também "Revisar todas as anotações feitas sobre o caso" e procurar "memorizar o nome das partes" (Azevedo, 2015, p. 154). Se houver comediador, deve-se combinar como vão trabalhar em conjunto.

Agora que foi vista a preparação, vamos a uma breve explanação sobre cada uma das etapas na mediação.

2.5.1 Abertura

A sessão ou declaração de abertura serve para apresentar às partes o processo de mediação, explicando como ele se desenvolve e as regras que deverão ser seguidas, a fim de deixá-las confortáveis com o processo e evitar questionamentos futuros quanto a seu desenvolvimento, o que interromperia o fluxo da mediação.

Se qualquer pessoa infringir as regras ao longo da mediação – por exemplo, interromper a fala da outra parte –, essa explicação prévia pode sempre ser lembrada para que volte a atuar de acordo com o que foi estipulado no início.

Os objetivos dessa sessão – basicamente, criar um pacto em relação ao que sucederá – podem ser tratados nesta sequência:

1. fala de acolhimento;
2. cumprimentos, palavras de encorajamento (por exemplo, mencionar a dificuldade e o empenho de acertar as agendas para tratar de temas tão importantes para as partes envolvidas);
3. apresentações pessoais – aqui é o momento de anotar o nome das partes e o modo como preferem ser chamadas;
4. informações sobre o propósito da mediação e o papel do mediador – indicar que mediador não é juiz da causa, mas um facilitador da comunicação;
5. reforço para as partes sobre a oportunidade de fortalecer o vínculo a partir da mediação e, ainda, preparar-se para futuros conflitos;
6. formalidades, como preenchimento de formulários e informações quanto à duração da sessão de mediação (previsão média de duas horas).

Deve-se informar que a sessão é **confidencial**, o que dará mais conhecimento e segurança às partes. O mediador deve deixar claro que as informações tratadas na sessão são de cunho confidencial, salvo a vontade conjunta das partes, se quiserem expor os fatos ali tratados.

A Lei da Mediação trata da confidencialidade no art. 30:

> Art. 30. Toda e qualquer informação relativa ao procedimento de mediação será confidencial em relação a terceiros, não podendo ser revelada sequer em processo arbitral ou judicial salvo se as partes expressamente decidirem de forma diversa ou quando sua divulgação for exigida por lei ou necessária para cumprimento de acordo obtido pela mediação.
> §1º O dever de confidencialidade aplica-se ao mediador, às partes, a seus prepostos, advogados, assessores técnicos e a outras pessoas de sua confiança que tenham, direta ou indiretamente, participado do procedimento de mediação, alcançando:

> I – declaração, opinião, sugestão, promessa ou proposta formulada por uma parte à outra na busca de entendimento para o conflito;
> II – reconhecimento de fato por qualquer das partes no curso do procedimento de mediação;
> III – manifestação de aceitação de proposta de acordo apresentada pelo mediador;
> IV – documento preparado unicamente para os fins do procedimento de mediação. (Brasil, 2015b)

Como se pode ver, a confidencialidade é bastante ampla, já que se trata de um princípio basilar da mediação e permite que esta seja mais efetiva, pela segurança que transmite a todos os envolvidos. Tanto é reconhecida sua importância que, no início da primeira reunião de mediação, e sempre que julgar necessário, o mediador deve alertar as partes acerca das regras de confidencialidade aplicáveis ao procedimento (art. 14 da Lei da Mediação). A lembrança da confidencialidade, legalmente tutelada, pode ajudar as partes a atuarem na mediação com verdade e sem temor.

A confissão de fatos no ambiente da mediação, mesmo controvertidos em processo judicial, não pode ser relatada com outras pessoas, muito menos no próprio processo judicial no âmbito em que se realiza a mediação. Nem mesmo as propostas ou aceitações de propostas podem ser referidas posteriormente.

Essa confidencialidade é garantida legalmente também pelo art. 166 do CPC:

> Art. 166. A conciliação e a mediação são informadas pelos princípios da independência, da imparcialidade, da autonomia da vontade, da confidencialidade, da oralidade, da informalidade e da decisão informada.

> §1º A confidencialidade estende-se a todas as informações produzidas no curso do procedimento, cujo teor não poderá ser utilizado para fim diverso daquele previsto por expressa deliberação das partes.
>
> §2º Em razão do dever de sigilo, inerente às suas funções, o conciliador e o mediador, assim como os membros de suas equipes, não poderão divulgar ou depor acerca de fatos ou elementos oriundos da conciliação ou da mediação.
>
> [...]
>
> (Brasil, 2015a)

Também o Código Penal (CP) disciplina a confidencialidade e a pena para quem a fere:

> Art. 154. Revelar alguém, sem justa causa, segredo, de que tem ciência em razão de função, ministério, ofício ou profissão, e cuja revelação possa produzir dano a outrem:
> Pena – detenção, de três meses a um ano, ou multa. (Brasil 1940)

O Código de Processo Penal (CPP) resguarda a testemunha de depor sobre fatos protegidos pela confidencialidade:

> Art. 207. São proibidas de depor as pessoas que, em razão de função, ministério, ofício ou profissão, devam guardar segredo, salvo se, desobrigadas pela parte interessada, quiserem dar o seu testemunho. (Brasil, 1941)

Assim, pela legislação, o mediador não tem de prestar testemunho em juízo sobre o tema tratado na sessão, o que garante às partes segurança sobre sua privacidade. Além da livre vontade das partes em abrir mão da confidencialidade, também não se albergam fatos relativos a crimes de ação penal pública. A Lei da Mediação dispõe, no art. 30, parágrafo 3º: "Não está abrigada pela regra de confidencialidade a informação relativa à ocorrência de crime de ação pública".

Logo após essa abertura, as partes expõem seus interesses na ordem predeterminada pelo mediador. Recomenda-se a adoção de critérios objetivos, por exemplo: inicia a exposição aquele que procurou os meios judiciais para resolver o conflito.

O mediador, enquanto as ouve e reúne essas informações, estabelece o *rapport*, conforme você vê a seguir.

2.5.2 *Rapport*

Rapport (pronuncia-se "rapór") é uma palavra francesa que não tem tradução exata para o português e pode ser entendida como um pacto tácito firmado entre cada envolvido e o mediador no sentido de confiarem um no outro e no procedimento, gerando um clima de descontração e, mais do que isso, de compreensão.

Conforme o art. 4º, parágrafo 1º, da Lei da Mediação, o mediador conduzirá o procedimento de comunicação entre as partes, buscando o entendimento e o consenso a fim de facilitar a resolução do conflito. Portanto, o primeiro passo a ser dado pelo mediador não é propriamente trazer o conflito à mesa, mas facilitar a comunicação, por meio da conexão entre as partes – o *rapport* que ora tratamos.

O mediador deve procurar estabelecer uma relação próxima com as partes, uma **conexão**, a fim de ganhar a confiança delas. Assim, obtém-se o estado de compreensão entre as partes no qual é gerado o comprometimento recíproco acerca do processo de mediação, regras e objetivos. Esse relacionamento se estabelece com a demonstração de interesse pelo que é falado, com empatia, colocando-se no lugar das pessoas, sem, no entanto, privilegiar uma ou outra parte, a fim de manter a neutralidade do mediador.

A escuta ativa, ou escuta dinâmica, é uma ferramenta para estabelecer o *rapport*: ao ouvir, o mediador deve olhar para aquele que fala e, sempre que necessário, parafrasear aquilo que é falado com termos mais simples e sem a carga emocional, perguntando à parte se era aquilo mesmo que se quis dizer. É importante que as partes se sintam realmente ouvidas, assim, o mediador deve evitar qualquer interrupção, relembrando as regras mencionadas no termo de abertura. Há autores que sustentam que o *rapport* envolve sempre "três elementos: atenção mútua, sentimento positivo compartilhado e um dueto não verbal bem coordenado. Quando esses três fatores coexistem, catalisa-se o *rapport*" (Goleman, 2006, p. 34).

Nessa fase, as partes também expõem o que as trouxe até ali, momento em que o mediador **reúne informações** sobre o conflito.

O mediador deve procurar conter as interrupções de forma não verbal; caso as interrupções continuem, pode então se manifestar verbalmente, trazendo as regras mencionadas na abertura, sempre contando com o auxílio e a concordância das partes. Para manter o bom-tom em toda a mediação, deve demonstrar que percebe a dificuldade da parte, visto que se trata de um tema tão importante para ela.

No processo de mediação, é natural que se revelem diversos sentimentos dos envolvidos. O mediador estará atento a eles e deve reconhecê-los durante a sessão conjunta. Essa prática é denominada *validação dos sentimentos*, até mesmo porque, por trás desses sentimentos, podem estar contidos os reais interesses a serem discutidos. Inclusive, é comum que, nessa fase, as partes passem a compreender melhor as perspectivas e necessidades uma da outra.

Depois de ouvir as partes e consultá-las acerca da necessidade de expor outro ponto, o mediador deve realizar um resumo, um texto único, que compile as informações prestadas, buscando enfatizar a normalização. Ou seja, deve deixar claro que conflitos são naturais e que não há motivos para vergonha.

Com o resumo, o mediador apresenta as questões, os interesses e os sentimentos comuns identificados. As partes naturalmente vão debater o conteúdo do resumo, trazendo mais esclarecimentos acerca das questões, dos interesses e dos sentimentos. Veja, por exemplo, esta exposição dos interesses das partes ao mediador.

> Da parte A, empresário, para o mediador:
>
> "Eu consertei esse carro no prazo de dois dias só porque a Dona Linda é irmã do Paulo, amigo meu desde a infância. Tentei ligar para ela várias vezes para dizer que precisaríamos trocar o retentor para acabar com o vazamento de óleo. Ela não retornou as ligações e acabei tratando o carro dela como se fosse o carro do Paulo. Depois ela não quis pagar e ainda me insultou. Não aceito que ela vá até minha oficina e retire o carro do pátio sem minha autorização. Ainda mais depois dos absurdos que ela falou na frente dos outros clientes".
>
> Da parte B, cliente, para o mediador:
>
> "Discordo totalmente do valor do conserto, em especial porque o orçamento que me foi passado era 30% menor. Cansei de ser tratada com desrespeito. Chegar no dia em que prometeram o carro consertado e receber uma conta bem maior do que o orçamento que foi dado é um desrespeito, você não acha?".

Com base nesses relatos, aqui simplificados, o mediador pode chegar ao seguinte resumo de texto único:

> » **Questão**: Comunicação; conserto do carro (ou apenas "carro").
> » **Interesse**: Ambos têm o interesse de ser respeitados, de respeitarem um ao outro e de o carro ser consertado da melhor forma possível por um preço justo.

> **Resumo**: Do que foi apresentado até o momento, é possível perceber que ambos tinham uma relação profissional aparentemente positiva e com expectativas elevadas quanto ao desenvolvimento. A parte A gostaria de ter o maior número de clientes possível em sua oficina e a parte B gostaria de ter uma oficina de confiança. Essa expectativa não foi alcançada quando houve uma falha de comunicação na hora de transmitir o orçamento. Do discurso que ambos trouxeram, parece que os dois têm interesse de que o carro seja bem consertado por um valor justo. Mais do que isso, parece que os dois têm o interesse de ser respeitados e manter relações respeitosas. Há duas questões para discutir nessa mediação: a primeira é sobre a comunicação; e a segunda, sobre o valor do conserto do carro.

Fonte: Elaborado com base em Azevedo, 2016.

Ainda segundo Azevedo:

> *Durante esse período [de apresentação do resumo e dos interesses identificados], tanto os mediadores como as partes irão discutir as informações que ainda necessitam de algum complemento e, ao mesmo tempo, conseguir compreender melhor quais são as principais questões, necessidades e, também, possibilidades.* (Azevedo, 2016, p. 181)

Para um bom *rapport*, é também função do mediador demonstrar que a outra parte não é adversária na disputa, e sim mais uma parte que precisa resolver suas questões e ter atendidos seus interesses – quando as partes passam a se ouvir e a perceber que estar certo não implica o outro estar errado, chamamos esse momento de *despolarização do conflito*.

2.5.3 Negociação

A negociação é o ponto fulcral da mediação. Depois de toda uma preparação para chegar a essa fase, é nela que as partes debaterão sobre como podem resolver o conflito, apresentando suas propostas e contrapropostas. Nessa etapa, as partes exporão suas pretensões, valendo-se de técnicas de negociação, a fim de alcançar o máximo resultado pretendido, em um trabalho de concessões mútuas – abrir mão de algo para alcançar a solução, esperando que a outra parte também o faça.

Em sessões de autocomposição (por mediação ou conciliação), as partes não são obrigadas, de modo algum, a chegar a um acordo. Se não for possível que cheguem a um consenso, a mediação (ou a conciliação) terminará sem um acordo, o que não significa, entretanto, fracasso. O mero fato de que as partes em conflito estão presentes é um grande ganho pela aproximação proporcionada pelo contato. O debate é também salutar, pois revela a uma parte a perspectiva da outra em relação ao conflito. Assim, ambas sairão mais bem preparadas para a resolução do conflito por outros meios (seja pela via judicial, seja por negociação em outro momento, seja por arbitragem) e com mais conhecimento para a própria vida e futuros conflitos.

Quando tratamos da negociação baseada em posição e da negociação baseada em interesse, sobre as quais já falamos, cabe ao mediador restabelecer às partes um ponto comum, consolidando o interesse real por detrás das palavras que lhe são ditas.

2.5.4 Redação do acordo

A Lei da Mediação dispõe que, se houver consenso entre as partes, o acordo será reduzido a termo e constituirá título executivo extrajudicial, seja entre particulares (art. 20), seja no âmbito da

Administração Pública (art. 32, §3º). O art. 20 diz que será lavrado o termo final, encerrando-se o procedimento de mediação, "quando for celebrado acordo ou quando não se justificarem novos esforços para a obtenção de consenso, seja por declaração do mediador nesse sentido ou por manifestação de qualquer das partes (Brasil, 2015b)". Será feito o fechamento e, se a mediação for judicial (dentro de um processo), haverá a submissão do acordo para a homologação pelo juiz. O procedimento de mediação será encerrado com a lavratura do termo final.

As negociações sobre um caso que ocorrem durante um processo judicial podem ser homologadas pelo órgão do Poder Judiciário no qual tramita o conflito. Se houver acordo, os autos serão encaminhados ao juiz, que, mediante requerimento das partes, homologará o acordo, por sentença, e determinará o arquivamento do processo (art. 28 da Lei da Mediação). Um acordo obtido em mediação, quando homologado judicialmente, constitui título executivo judicial (art. 20, parágrafo único), tendo, portanto, a mesma força jurídica de uma sentença judicial.

Mesmo sem acordo, indica-se a lavratura de termo (necessário em caso de mediação em processo judicial). O procedimento realizado no âmbito judicial, ainda que não chegue a um acordo, deve receber um termo por escrito, sem conter o teor do que foi debatido, por ser confidencial, documentando apenas a realização da mediação e seu final.

O procedimento de mediação judicial não precisa se completar em uma sessão. Ele deverá ser concluído em até 60 dias, salvo quando as partes, de comum acordo, requererem sua prorrogação (art. 28, parágrafo único).

Podem-se desdobrar as etapas de uma mediação para mais ou menos, de acordo com o autor que propõe a divisão, que é essencialmente didática e pedagógica. Sales e Damasceno (2014, p. 164) dizem que a variação, segundo os estudiosos, é de cinco a oito etapas.

O *Manual de mediação judicial*, do Conselho Nacional de Justiça, por exemplo, considera as seguintes etapas:

Início da mediação

Nessa etapa o mediador apresenta-se às partes, diz como prefere ser chamado, faz uma breve explicação do que constitui a mediação, quais são suas fases e quais são as garantias. Deve perguntar às partes como elas preferem ser chamadas e estabelece um tom apropriado para a resolução de disputas. Sua linguagem corporal deve transmitir serenidade e objetividade para a condução dos trabalhos.

Reunião de informações

Após uma exposição feita pelas partes de suas perspectivas, a qual o mediador, entre outras posturas, terá escutado ativamente, haverá oportunidade de elaborar perguntas que lhe auxiliarão a entender os aspectos do conflito que estiverem obscuros.

Identificação de questões, interesses e sentimentos

Durante essa fase, o mediador fará um resumo do conflito utilizando uma linguagem positiva e neutra. Há significativo valor nesse resumo, pois será por meio dele que as partes saberão que o mediador está ouvindo as suas questões e as compreendendo. Além disso, o resumo feito pelo mediador impõe ordem à discussão e serve como uma forma de recapitular tudo que foi exposto até o momento.

Esclarecimento das controvérsias e dos interesses

Com o uso de determinadas técnicas, o mediador formulará, nesta fase, diversas perguntas para as partes a fim de favorecer a elucidação das questões controvertidas.

Resolução de questões

Tendo sido alcançada adequada compreensão do conflito durante as fases anteriores, o mediador pode, nesta etapa, conduzir as partes a analisarem possíveis soluções.

Registro das soluções encontradas

Nesta etapa, o mediador e as partes irão testar a solução alcançada e, sendo ela satisfatória, redigirão um acordo escrito se as partes assim o quiserem*. Em caso de impasse, será feita uma revisão das questões e interesses das partes e também serão discutidos os passos subsequentes a serem seguidos. [...]. (Azevedo, 2016, p. 150-151, grifo do original)

Como falamos em redação do acordo, é conveniente trazer uma pergunta: Quem, afinal, vence uma mediação ou uma conciliação? Veja este estudo.

No ano de "1984, o Prof. Owen Fiss sugeriu que a conciliação seria um processo prejudicial às mulheres uma vez que elas, como demonstrou estatisticamente em outro artigo, poderiam obter valores de alimentos mais elevados com o processo judicial heterocompositivo (com instrução e julgamento)" (Azevedo, 2015, p. 61). Como você percebe essa ideia?

---

* Na mediação judicial, deve haver alguma forma de comunicação ao juiz da existência do acordo, a fim de que haja homologação ou, ao menos, pedido de desistência para extinção do processo sem resolução de mérito.

O Prof. Owen pensou corretamente de certa forma, mas apenas por um lado, esquecendo outros aspectos. É, portanto, incorreto dizer que a conciliação é prejudicial por ter considerado tão somente o aspecto financeiro.

"Outros valores além do financeiro estão envolvidos no processo de resolução de disputas. Se algumas mulheres aceitam receber um pouco menos do que lhes seria deferido pelo magistrado, seguramente o fizeram por estarem obtendo outros ganhos como estabilidade familiar, bem-estar dos filhos, relações potencialmente construtivas, entre outros" (Azevedo, 2015, p. 61-62). O estabelecimento de relações construtivas é um ponto favorável da negociação, ainda que objetivamente possa haver alguma perda.

Por outro lado, ao negociar com vistas ao ganha-ganha (negociação cooperativa ou integrativa), as ações das pessoas "terão em vista um futuro comum ao invés de uma disputa ocasional" (Azevedo, 2015, p. 76). Assim, é importante sempre ter uma carta na manga, "uma resposta concreta que satisfaça o negociador do outro lado, que valorize os interesses de ambas as partes, para que o outro saia sempre com a sensação de ter feito um bom negócio, e você de ter realizado o seu melhor utilizando todas as alternativas que tinha em mãos" (Leutsinger, 2013).

É importante ter clara a noção de que não há vencedores e perdedores em uma mediação bem-sucedida: todos, em alguma medida, saem satisfeitos, porque livremente optaram pelo acordo, e, como diz o ditado popular, "o combinado não sai caro".

2.6 Posição das partes

A palavra-chave de uma mediação bem-sucedida é a *igualdade*. Se o mediador tratar uma parte de maneira diferente da outra, haverá desavenças, dificultando o acordo, ou a parte preterida sairá da sessão com percepção negativa.

Além da postura equânime adotada pelo mediador, o próprio ambiente físico em sua estrutura deve favorecer a igualdade. A forma de fazê-lo é demonstrada a seguir, conforme o formato da mesa.

Quadro 2.1 – Posição adequada das partes e do mediador (ou mediadores) conforme o formato da mesa

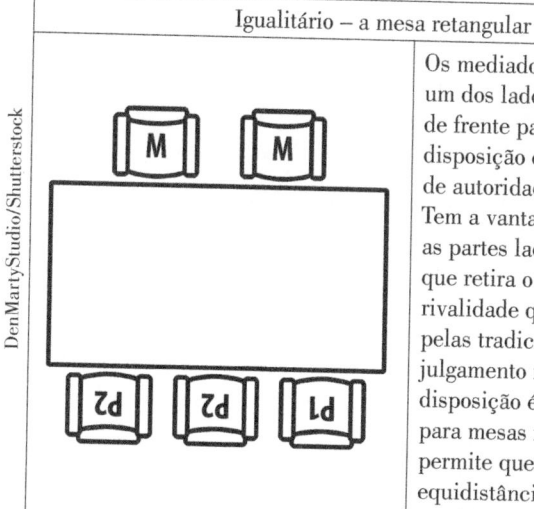

Igualitário – a mesa retangular	
[diagrama: mesa retangular com dois mediadores (M, M) de um lado e três partes (P2, P2, P1) do outro lado]	Os mediadores se sentam em um dos lados da mesa, ficando de frente para as partes. Essa disposição cria a sensação de autoridade do conciliador. Tem a vantagem de colocar as partes lado a lado, o que retira o sentimento de rivalidade que é transmitido pelas tradicionais mesas de julgamento nos tribunais. Essa disposição é a mais indicada para mesas retangulares, pois permite que se mantenha uma equidistância entre todos os participantes.

(continua)

(Quadro 2.1 – conclusão)

Igualitário – a mesa redonda	
[figura: mesa redonda com mediador M e partes P1, P2, P3]	A mesa redonda apresenta a importante vantagem de permitir dispor as partes de modo equidistante tanto entre si como em relação ao mediador, o que, por um lado, retira o cunho de rivalidade que pode ser transmitido pelo posicionamento das partes e, por outro, facilita a comunicação, já que as partes podem olhar uma para a outra sem ter de movimentar a cadeira. Ademais, a mesa redonda permite acomodar melhor os participantes e afasta a ideia de qualquer hierarquia entre eles.

Fonte: Adaptado de Azevedo, 2015, p. 157.

Se não for utilizada uma mesa, a fim de estimular a proximidade, a posição das partes será como em uma mesa redonda, porém, com menor distanciamento entre elas.

Sempre que houver advogados, eles devem se posicionar ao lado do cliente, porém, não ficarão entre as partes, mas no lado oposto, a fim de que os envolvidos fiquem próximos. A esse respeito, observe:

Quadro 2.2 – Posicionamento das partes e seus advogados em uma mediação sem o emprego de mesa

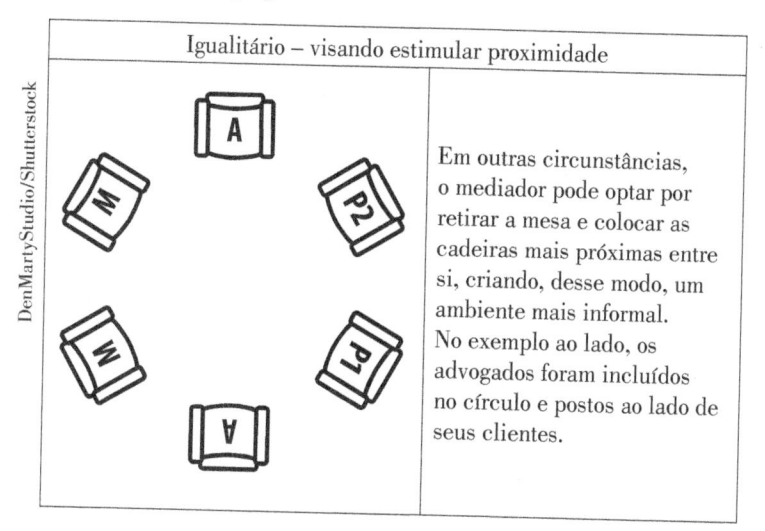

Igualitário – visando estimular proximidade	
[diagrama circular com A, P2, A, P1, A, M, A em círculo]	Em outras circunstâncias, o mediador pode optar por retirar a mesa e colocar as cadeiras mais próximas entre si, criando, desse modo, um ambiente mais informal. No exemplo ao lado, os advogados foram incluídos no círculo e postos ao lado de seus clientes.

Fonte: Adaptado de Azevedo, 2015, p. 158.

Além disso, segundo Azevedo (2016, p. 161-162), deve-se

> *apartar qualquer aspecto que possa transparecer alguma animosidade entre as partes. Assim sendo, de preferência, as partes devem se sentar em posições não antagônicas (opostas). Um dos objetivos da mediação é tentar evitar um sentimento de rivalidade ou polarização, o que, no caso da disposição das mesas, é melhor conseguido ao não colocar as partes de frente uma para a outra, mas, sim, lado a lado, no caso de mesa retangular, ou em posição equidistante, no*

caso de mesa circular. Ademais, deve-se frisar que as pessoas que representam uma parte devem conseguir se sentar juntamente com ela, caso assim o desejem. O posicionamento do mediador em relação às partes também é de grande importância, já que a qualidade imparcialidade, aptidão e liderança, em muito, pode ser transmitida consoante tais aspectos. Dessa maneira, o mediador deve se posicionar de modo equidistante em relação às partes.

É importante não só a posição física das partes, como vimos até aqui, mas a posição situacional, que é o comportamento e a atitude das partes. Constantemente, o mediador deve se valer da **recontextualização** para direcionar a comunicação ao seu foco maior de solução de conflitos. Sabemos que, muitas vezes, a comunicação mais exacerba do que dirime um conflito, e essa falha pode ser resolvida no modo de enxergar a situação.

2.7 Recontextualização

"O preconceito é a raiz de boa parte dos conflitos intratáveis". Seja ele preexistente ao conflito, causador do conflito ou nascido dele, "crenças exageradas sobre a pessoa e os motivos da outra parte tornam a reconciliação um objetivo muito difícil de se atingir" (Dweck; Ehrlinger, 2006, p. 317, tradução nossa). Tende-se a "etiquetar" pessoas e situações, prática que desumaniza as pessoas, que são substituídas por rótulos (Dweck; Ehrlinger, 2006). Para superar os preconceitos e buscar superar também a rotulagem, uma importante ferramenta é a recontextualização da situação.

A recontextualização é uma ferramenta da mediação que é também reconhecida no campo de estudo da programação neurolinguística

(PNL). "Recontextualizar é dar outro significado para algo que possa ser visto de uma maneira diferente" (Via PNL, 2013). Veja um exemplo de conciliação, na qual se permitem sugestões feitas por um terceiro, que é o conciliador: Fulano diz para o conciliador que Sicrano está tentando enrolar no serviço executado em sua residência, querendo fazer mais tarefas do que o solicitado para cobrar mais, e que está cansado de sempre ter de desembolsar mais dinheiro. O conciliador, sensível a outros fatores já trazidos, recontextualizará essa fala ao explicar quão bom é que Sicrano, mesmo tendo sido chamado só para instalar as luminárias, tenha se atido à segurança do imóvel e do próprio Fulano, por indicar riscos ao bem-estar de todos com uma fiação antiga. Nesse ponto, Fulano poderá chegar à conclusão de que todas as observações de Sicrano quanto ao imóvel, ainda que demandem gastos, são um investimento.

A recontextualização – que poderia ser também entendida como "reenquadramento" (*reframing*, em inglês) – pode ser entendida pela Figura 2.1.

Figura 2.1 – Recontextualização

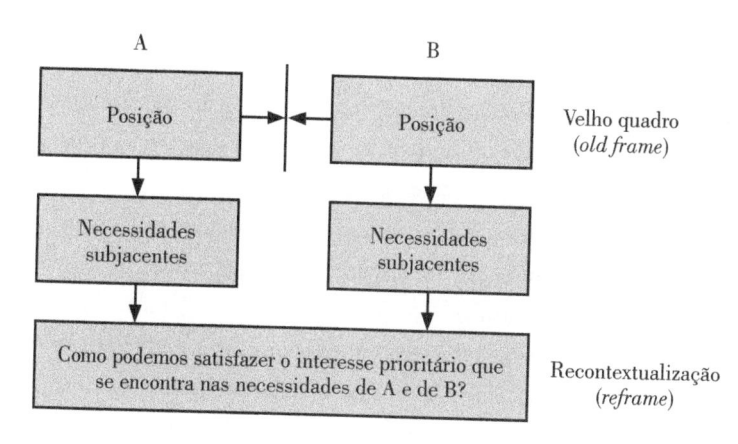

```
        A              B
    ┌─────────┐    ┌─────────┐
    │ Posição │──┤├──│ Posição │      Velho quadro
    └────┬────┘    └────┬────┘       (old frame)
         ▼              ▼
    ┌─────────┐    ┌─────────┐
    │Necessidades│ │Necessidades│
    │subjacentes │ │subjacentes │
    └────┬────┘    └────┬────┘
         ▼              ▼
    ┌──────────────────────────────┐
    │Como podemos satisfazer o interesse prioritário que│   Recontextualização
    │se encontra nas necessidades de A e de B?          │    (reframe)
    └──────────────────────────────┘
```

Fonte: Adaptado de Raider; Coleman; Gerson, 2006, p. 703, tradução nossa.

O conciliador e o mediador, ao direcionarem o foco de uma situação para seu viés mais objetivo por meio da recontextualização, criam melhores oportunidades de diálogo entre as partes, que ficam mais abertas ao esclarecimento e à solução. Em qualquer conflito, uma pessoa conhecedora dessa técnica e disposta a executá-la tem melhores chances de obter melhores resultados e se estressar menos.

A busca pelos interesses comuns pode ser difícil, mas na maioria das vezes (se não sempre) pode ser conseguida. Raider, Coleman e Gerson (2006) trazem um exemplo, que costumam utilizar em sessões de treinamento por meio de vídeo: a população de uma indústria está incomodada com a pesada poluição gerada por uma indústria ali instalada, principalmente pelo fato de que está havendo um surto de infecções. Em uma mesa de negociação para resolver o conflito, encontra-se o diretor da indústria, três representantes do grupo Cidadãos Preocupados da Cidade (formado por trabalhadores da indústria e outros membros da comunidade) e o prefeito, que idealizou o encontro e atua como uma espécie de mediador.

Em um primeiro momento, há acusações do grupo de cidadãos contra a indústria, que seria culpada do surto de infecções por causa dos gases tóxicos que emite, ao passo que a indústria se diz ciosa de suas responsabilidades, não sendo a culpada das doenças que vêm ocorrendo. Para os cidadãos, a fábrica deve fechar imediatamente, e eles ameaçam publicar na seção ambiental dos jornais locais matérias que desabonem a indústria e seus trabalhadores. O diretor ameaça levar a fábrica para outra cidade, levando com ela os empregos. Parece ser um conflito de visões de mundo, o "capitalista ganancioso" contra os "ambientalistas radicais", mas, embora as posições estejam exaltadas em franco contraste, a realidade pode se mostrar diferente. Haveria uma pergunta que pudesse colocar a questão de modo propício à solução?

O prefeito recontextualiza o conflito, propondo a seguinte pergunta, que une os interesses de ambos os lados: "Como podemos limpar a fonte dos sintomas e manter a indústria e a economia da cidade funcionando?".

Com essa pergunta, os lados mudam de estratégia. No nível psicológico, agora ambas alteram sua postura, dispostos a ouvir porque veem que seus interesses comuns de respeito e entendimento estão sendo atendidos. Assim, com a continuidade da negociação, agora de forma tangível, como resultado, o grupo de cidadãos propõe que os trabalhadores tirem férias todos ao mesmo tempo, durante uma semana do mês, para uma inspeção da fábrica. Por essa paralisação, se ficar constatado que a fábrica não é culpada das doenças, a cidade concorda em reduzir impostos como compensação. O diretor da fábrica concorda com a proposta.

Para saber mais

Consulte o *Manual de mediação judicial* para ter um conhecimento mais aprofundado sobre a mediação:
AZEVEDO, A. G. de. (Org.). **Manual de mediação judicial**. 6. ed. Brasília: CNJ, 2016.

Disponível gratuitamente na internet, além das explicações sobre conflitos e a mediação, traz diversos casos e exercícios nas páginas finais para entendimento prático e reflexão sobre o instituto.

ROSENBERG, M. B. **Comunicação não-violenta**: técnicas para aprimorar relacionamentos pessoais e profissionais. São Paulo: Ágora, 2006.

A intervenção de um terceiro para auxiliar as partes envolve técnicas de comunicação, que são inúmeras. Uma delas é a comunicação não violenta (CNV), que estimula "formas de melhor identificar as necessidades das pessoas e aprimorar relacionamentos pessoais e profissionais" (Bacellar, 2016, p. 296). O livro apresenta a CNV com exemplos de casos reais.

Síntese

O que você observou sobre a mediação, suas técnicas e a forma como se desenvolve uma sessão se aplica em grande medida à conciliação. De acordo com o art. 166 do CPC, ambas são informadas pelos princípios da independência, da imparcialidade, da autonomia da vontade, da confidencialidade, da oralidade, da informalidade e da decisão informada.

A maior diferença entre os institutos é que o conciliador pode intervir com sua opinião sobre a melhor ou as melhores soluções possíveis, de modo mais incisivo (contudo, sem jamais forçar um acordo), enquanto, na mediação, uma proposta vinda do mediador é mais rara – para não interromper o diálogo e a solução pelas próprias partes – e deve ser imparcial.

Quanto ao tempo, para a mediação, recomenda-se pelo menos duas horas, enquanto a conciliação, por ser mais objetiva e contar com maior intervenção do terceiro conciliador, pode se desenvolver razoavelmente em 40 minutos.

Quando, então, deve-se adotar a mediação e quando adotar a conciliação? Kátia Siqueira explica:

> Nas situações em que existem entre as partes relações continuadas ou com desdobramento emocional relevante, indica-se a mediação, pois ela lida com o conflito subjetivo, considerando que a solução deverá dar condições a restabelecer-se a convivência equilibrada e harmônica, porquanto duradoura. O tempo e o número de sessões dedicados é maior, porque lida coma inter-relação e a busca da reconexão do diálogo. (Siqueira, 2015, p. 43)

Ainda segundo a autora: na mediação, o foco está no conflito; na conciliação, o foco é na solução. A mediação existe para trabalhar a relação entre as partes, de modo que elas se restaurem com vistas a longo prazo, portanto, é mais trabalhosa e mais adequada quando as partes convivem ou pretendem manter relações. A conciliação não trabalha longamente o conflito, é mais objetiva no sentido de tentar chegar a um acordo que interesse a ambas as partes. Em casos que não demandam relação continuada das partes, é rápida e eficaz, por exemplo, no conflito originado de relações consumeristas, como a compra de um aparelho com defeito que não foi consertado (Siqueira, 2015). É importante entender cada instituto, conciliação e mediação, com suas nuances, para aplicar corretamente a depender do caso em que se está.

A Lei da Mediação é bastante detalhada e conta com apenas 40 artigos, além das disposições finais. Assim, considere lê-la com atenção e entender como ela se desenvolve; qual é o papel do mediador e como se dá a mediação com a Administração Pública.

Os modos de conciliar e de mediar são relativamente flexíveis, porém, costuma-se adotar os métodos e as etapas aqui expostos. Algo muito importante a guiar todo o procedimento são os princípios. Considere-os com atenção, porque são os guias de tudo o que se desenvolve nesses procedimentos.

Questões para revisão

1) Estudamos as virtudes necessárias ao mediador para que ele realize uma sessão de mediação bem-sucedida. Acerca das qualidades de comunicação do mediador, assinale a alternativa que apresenta uma abordagem correta.
   a. "Srs. Christian e Bobby, estou percebendo que os dois estão muito aborrecidos com a forma como aquela conversa sobre orçamento se desenvolveu. Vejo isso como algo natural a duas pessoas que gostariam de ter bons relacionamentos e

que gostariam de adotar soluções justas às suas questões do dia a dia. Vamos, portanto, deixar de lado essa questão da comunicação e cada um voltar aos seus afazeres?"

b. "Srs. Jorge e Renato, estou percebendo que os dois estão muito aborrecidos com a forma como aquela conversa sobre orçamento se desenvolveu. Vejo isso como algo natural a duas pessoas que gostariam de ter bons relacionamentos e que gostariam de adotar soluções justas às suas questões do dia a dia. Vamos, então, conversar sobre essa questão da comunicação?"

c. "Srs. Robbin e Mário, estou percebendo que os dois estão muito aborrecidos com a forma como aquela conversa sobre orçamento se desenvolveu. Vocês parecem duas crianças, brigando em vez de procurar soluções justas às questões do dia a dia. Vamos, então, conversar sobre essa questão da comunicação?"

d. "Srs. Pedro e Carla, estou percebendo que os dois estão muito aborrecidos com a forma como aquela conversa sobre orçamento se desenvolveu. Vejo isso como algo natural a duas pessoas que gostariam de ter relacionamentos ruins e que gostariam de adotar soluções rápidas às questões do dia a dia. Vamos, então, conversar sobre essa questão da comunicação?"

e. "Sras. Ana Lúcia e Ketlyn, estou percebendo que as duas estão muito aborrecidas com a forma como aquela conversa sobre orçamento se desenvolveu. Vejo isso como imaturidade entre duas pessoas que gostariam de ter bons relacionamentos e que gostariam de adotar soluções justas às questões do dia a dia, por isso, saiam daqui e voltem quando estiverem mais calmas".

2) Considerando que duas pessoas desconhecidas envolvidas em um acidente de trânsito sem vítimas tenham, em razão do estresse e dos danos causados aos veículos, discutido e não chegado a nenhum ponto comum, assinale a opção correta no que se refere aos métodos extrajudiciais de soluções de conflitos.

   I. Se o caso for tratado pela mediação, é papel do mediador apontar as vantagens de um acordo, mesmo com concessões mútuas, a fim de evitar prejuízos e desgastes emocionais.
   II. O conciliador toma decisões em vez de dar às partes a oportunidade de aceitar ou não a solução.
   III. Segundo as orientações do novo CPC, a conciliação é o procedimento de autocomposição adequado a esse caso.
   IV. A discriminação pelas diferenças pessoais deve ser prioridade na resolução desse conflito.

   a. São corretas apenas I e III.
   b. São corretas apenas II e III.
   c. São corretas apenas III e IV.
   d. São corretas apenas I e II.
   e. São corretas apenas I e IV.

3) Jennifer está sendo capacitada para mediação em um Centro Judiciário de Solução de Conflitos localizado em Natal, no Rio Grande do Norte. Desenvolve-se muito bem, principalmente na parte técnica do procedimento de mediação, porém, não consegue criar empatia com as partes na sessão de mediação, dificultando o contato e a aproximação entre os interessados. Diante disso, um ponto específico a ser mais bem trabalhado em Jennifer durante seu treinamento como futura mediadora é:

   a. O *rapport*.
   b. A redação do acordo.
   c. O uso das técnicas de negociação pelas partes.

d. A obtenção de informações.

e. A ancoragem.

4) Mãe e filha estão com problemas familiares gravíssimos, há muito tempo emocionais e, agora, atingindo também questões financeiras, com acusação de furto por parte da mãe. A mãe, que procurou o auxílio de um mediador, começou contando o que a levou ali. Depois que a mãe contou seus medos e suas desconfianças, o mediador olhou para a filha e sua primeira pergunta a ela foi: "Está certa essa sua maneira de tratar a sua mãe?". A atitude do mediador está correta? Por quê?

5) Uma das características da mediação é o sigilo do que é dito e apresentado durante o procedimento. Via de regra, o que é dito na mediação não pode ser levado ao conhecimento de outras pessoas, e isso traz segurança às partes para aderirem a uma comunicação aberta. Porém, há casos nos quais aquilo que é dito não é confidencial. Quais são esses casos?

Questões para reflexão

1) Para estabelecer o *rapport*, o mediador se vale de diversas técnicas, separadamente ou em conjunto. Apenas algumas foram tratadas aqui, como a escuta ativa e a paráfrase. Pesquise outras e os nomes adotados, como *caucus*. Recomendamos, para isso, a leitura de um artigo de Lilia Sales, pós-doutora com formação em mediação de conflitos na Universidade de Harvard, em coautoria com a mestre em direito Mara Damasceno, "Mediação, suas técnicas e o encontro dos conflitos reais: estudo de casos" (Sales; Damasceno, 2014), disponível na internet.

Em seguida, selecione as técnicas que considerar mais interessantes e anote os pontos fortes de cada uma e as dificuldades em aplicá-las.

2) A fim de aprofundar seus estudos, leia a Resolução n. 125/2010 do Conselho Nacional de Justiça (CNJ, 2010), disponível na página oficial do órgão, que "Dispõe sobre a Política Judiciária Nacional de tratamento adequado dos conflitos de interesses no âmbito do poder judiciário e dá outras providências".

Estudo de caso
João e Maria

João César e Maria Joaquina são casados há dez anos pelo regime da comunhão parcial de bens. No primeiro ano de casados, tiveram muitos problemas, brigas, desentendimentos. Eles não estavam preparados para a vida conjugal, pensavam que compartilhariam somente de bons momentos. Porém, pelos anos seguintes, tiveram orientação sobre os desafios da vida comum e aprenderam a se suportar em amor.

Recentemente, porém, sobreveio um conflito que está destruindo o bom relacionamento.

Eles têm um único filho, Renato, prestes a completar nove anos de idade. O pai, que teve poucas oportunidades na infância, o inscreveu em algumas atividades, para compensar aquilo que ele mesmo não teve. Maria diz que o filho precisa passar mais tempo em casa, porque, com a agenda cheia (violão, piano, canto, natação, vôlei, handebol e futebol), não só o filho mal para em casa como também, ao chegar, está muito cansado e não tem o menor pique para as atividades familiares, como uma refeição em família, momento de oração, brincadeiras e jogos com os pais. O pai insiste que o filho precisa das atividades para sua formação, que é como criança que ele vai aprender melhor porque o cérebro está em pleno desenvolvimento e que, fazendo várias atividades de música e esporte, ele vai ter opção mais tarde para escolher à que mais se adaptar. Essa briga está provocando a desunião do próprio casal, que, desentendido quanto às atividades do filho, começa a ter rusgas em todo o tempo que passa juntos.

Agora, o casal está diante de você em uma sessão de mediação, em um local que você preparou de antemão para bem recebê-lo. Como você conduzirá a mediação, com vistas à obtenção da conciliação entre os cônjuges?

Resolução:
Você, na posição de mediador, deve compreender qual é o pano de fundo que proporcionou a faúlha que gerou o conflito e por que razão ele permanece, isto é, o motivo por que ele não foi resolvido. Assim, é claro, você seguirá o procedimento da mediação, apresentando a razão da mediação (abertura) e procurará estabelecer o *rapport*.

Você há de abstrair questões que não são importantes para a resolução do caso. Por exemplo, o fato de que o casamento foi dez anos atrás e de que o regime é de comunhão parcial de bens não interferirá diretamente na questão em conflito. As partes envolvidas sempre, ou quase sempre, dirão mais do que é necessário, e cabe ao mediador auxiliá-las na interpretação correta do que importa. De todo modo, se algum assunto aparentemente irrelevante é trazido à tona, é porque pode representar algo importante para as partes ou para uma delas e não deve ser totalmente ignorado – trata-se de aplicar a validação dos sentimentos, reconhecendo o que as partes sentem, mas não dando importância ao que é secundário, deixando que o assunto principal saia do foco.

Fundamentalmente, há um tom emocional no discurso de João e de Maria. Portanto, é necessário fazer emergir o que um e outro procuram em comum, ainda que pareçam divergir completamente. Uma ferramenta para isso é a recontextualização (o *reframe*, dar um novo quadro ao conflito), que pode se basear numa pergunta. Para esse caso, você pode ter pensado na seguinte questão, que balizaria o desenrolar da mediação: "Como é possível dar a melhor educação para o filho, Renato, e garantir tempo livre suficiente para manter a família unida?". A partir dessa pergunta-gatilho, o casal há de compreender a importância de ambos os pontos de vista, que não devem pender exclusivamente para um lado ou outro, mas ser conciliados para o melhor interesse familiar.

Lembre-se de que, como mediador, você não deve por si mesmo propor soluções, como tirar alguma atividade e manter outra. Embora com a melhor das intenções, a mediação é mais efetiva justamente porque as partes desenvolvem por si mesmas um quadro conciliatório, construindo um relacionamento sólido e firme. Ao chegarem a uma solução por si mesmas, ainda que demore mais tempo, elas se sentirão empoderadas e aprenderão habilidades e competências aptas a melhorar a relação também no longo prazo, inclusive em novos conflitos.

III

Conteúdos do capítulo:

» Aspectos gerais da arbitragem.
» Ética na arbitragem e sua normatização no âmbito do Conselho Nacional das Instituições de Mediação e Arbitragem (Conima).
» Procedimento arbitral: da convenção de arbitragem à sentença arbitral.
» Arbitragem e Poder Judiciário.

Após o estudo deste capítulo, você será capaz de:

1. compreender como se inicia e como se desenvolve um litígio no âmbito da arbitragem;
2. diferenciar arbitragem de direito de arbitragem por equidade;
3. compreender de que maneira a arbitragem se relaciona com o Poder Judiciário;
4. entender os poderes e deveres do árbitro.

Arbitragem

3.1 A arbitragem na resolução de conflitos

Arbitragem é uma modalidade extrajudicial de resolução de conflito, em que um árbitro – terceiro escolhido pelas partes – decide uma lide (Ceap, 2017). A arbitragem é utilizada quando as partes convencionam que não querem levar o caso ao Poder Judiciário, preferindo a resolução arbitral. Apesar de muito semelhante a um processo judicial, não envolve o Poder Judiciário, por isso é um método extrajudicial de solução de conflitos.

Para que seja instituída a arbitragem, são necessários os mesmos requisitos da ação estabelecidos no Código de Processo Civil (CPC) (Brasil, 2015a): as partes devem ter "interesse e legitimidade" (art. 17) para demandar e serem demandadas e não podem demandar "direito alheio em nome próprio, salvo quando autorizado pelo ordenamento jurídico" (art. 18).

A legitimidade para a arbitragem diz respeito aos **sujeitos** que dela podem participar. Ela está prevista no art. 1º da Lei da Arbitragem: toda pessoa capaz de contratar pode se valer da arbitragem. A capacidade de contratar é um conceito definido no art. 3º do Código Civil como capacidade civil plena: antes dos 16 anos, a pessoa é "absolutamente incapaz de exercer os atos da vida civil" (Brasil, 2002).

A partir de 18 anos, "a pessoa fica habilitada à prática de todos os atos da vida civil" (art. 5º), porém, mesmo com 18 anos, há incapacidade relativamente a certos atos da vida civil para:

> Art. 4º [...]
> I – os maiores de dezesseis e menores de dezoito anos;
> II – os ébrios habituais e os viciados em tóxico;
> III – aqueles que, por causa transitória ou permanente, não puderem exprimir sua vontade;
> IV – os pródigos. (Brasil, 2002)

Mesmo antes dos 18 anos, cessa a incapacidade:

> Art. 5º [...]
> I – pela concessão dos pais, ou de um deles na falta do outro, mediante instrumento público, independentemente de homologação judicial, ou por sentença do juiz, ouvido o tutor, se o menor tiver dezesseis anos completos;
> II – pelo casamento;
> III – pelo exercício de emprego público efetivo;
> IV – pela colação de grau em curso de ensino superior;
> V – pelo estabelecimento civil ou comercial, ou pela existência de relação de emprego, desde que, em função deles, o menor com dezesseis anos completos tenha economia própria. (Brasil, 2002)

Logo, temos que pode ser parte em uma arbitragem: o maior de 18 anos que não tenha uma das causas de incapacidade relativa ou, mesmo menor de 18, o emancipado por qualquer dos fatores do art. 5º do Código Civil. Alguns desses fatos, como emprego público efetivo e colação de grau, são muito difíceis de ocorrer, para não dizer impossíveis, pela própria restrição etária que há na legislação brasileira.

Quanto ao **objeto** da arbitragem, diz o art. 1º da Lei da Arbitragem que: "As pessoas capazes de contratar poderão valer-se da arbitragem para dirimir litígios relativos a direitos patrimoniais disponíveis".

Apenas as disputas que dizem respeito a direitos disponíveis (em regra, que envolvam apenas dinheiro ou outros bens materiais) podem ser resolvidas na via arbitral. Porém, não podem ser levados à arbitragem litígios que envolvam valores humanos entendidos em nosso sistema normativo como indisponíveis, isto é, que gozam de uma proteção excepcional em nosso ordenamento jurídico, em especial quanto ao direito de família e ao direito do trabalho, este com uma exceção; por exemplo, divórcio, reconhecimento de paternidade, reclamações trabalhistas não podem ser decididos por um terceiro que não seja um magistrado, um membro do Poder Judiciário.

A arbitragem está sujeita à legalidade do objeto. O que é proibido não pode ser decidido via arbitragem. A dívida de jogo ilegal, como jogo do bicho (um delito previsto no art. 58 da Lei das Contravenções Penais), não pode ser exigida, portanto não pode ser submetida à arbitragem. A proibição de cobrança desse tipo de jogo é mencionada, ainda, nos arts. 814 e 815 do Código Civil.

A arbitragem é mais custosa, porém mais rápida que o Poder Judiciário, e pode ser escolhida qualquer pessoa, inclusive um profissional especializado em questões de alta complexidade.

A arbitragem é um procedimento solucionado por terceira pessoa, portanto, é **heterocompositivo**: *hetero* significa "outro", "diferente" e *compositivo*, "procedimento solucionado por outrem".

Por ter essa característica, guarda mais semelhança com a solução de conflitos pelo Poder Judiciário do que com procedimentos autocompositivos, como a mediação, pois ela aproxima as partes e facilita o entendimento, enquanto a arbitragem julga, decide, tal qual um magistrado. Embora seja um meio alternativo de resolução de conflitos, a solução em um procedimento arbitral é dada por um terceiro e a sentença arbitral tem força vinculante, quer dizer, é obrigatória e pode ser executada à força pelos meios estatais.

> A arbitragem no Brasil, como informado anteriormente, é regida pela Lei da Arbitragem – Lei n. 9.307, de 23 de setembro de 1996 – que passou por diversas modificações desde sua promulgação, entre elas aquela advinda da Lei n. 13.129, de 26 de maio de 2015, que trouxe a possibilidade da arbitragem na Administração Pública (Brasil, 1996).

3.2 Árbitro

O árbitro, embora tenha poder de juiz da causa, leva apenas este nome: árbitro. Não é "juiz arbitral" nem qualquer outro nome.

Em sua função, o árbitro é dotado dos mesmos deveres e responsabilidades de um juiz de direito atuante na esfera do processo civil (art. 14 da Lei da Arbitragem). Dito de outro modo, o árbitro tem os mesmos deveres éticos e legais que um juiz, aplicando-lhe, no que couber, o CPC. Não se confunde, porém, com os juízes, porque o árbitro não é funcionário público nem exerce atividade jurisdicional (exclusiva do Estado).

Qualquer pessoa pode ser árbitro, desde que tenha a confiança das partes e seja capaz (art. 13). Embora teoricamente qualquer pessoa possa exercer a função, na prática, aqueles mais preparados é que são escolhidos.

> *A lei não precisou impor requisitos rigorosos de qualificação dos árbitros uma vez que, prestigiando a autonomia da vontade, transferiu às próprias partes (ou, mediatamente, às entidades arbitrais eleitas pelas partes) o controle de qualidade dos árbitros. Na prática, acabam sendo nomeadas para oficiar como árbitros as pessoas que, pelo seu histórico de vida e currículo, conquistam a*

> *confiança do mercado. É por conta do requisito de confiança que, tradicionalmente, os árbitros escolhidos pelas partes ou indicados por entidades arbitrais sérias são profissionais de carreira consolidada e reputação ilibada. Pela mesma razão, o presidente do tribunal arbitral, quase sempre, é um profissional da advocacia, a despeito de inexistir qualquer imposição legal nesse sentido.*
> (Nogueira, 2015, p. 74-75)

Não é necessária formação em direito para ser árbitro, até para que as partes possam escolher um especialista na área específica do conflito (por exemplo, um engenheiro ou um físico). Quando o árbitro não é da área do direito, é possível eleger um tribunal arbitral, que nada mais é do que o colegiado, o conjunto, de mais de um árbitro para julgamento, sempre em número ímpar. Assim, aquele com conhecimento jurídico auxilia o profissional com conhecimento do assunto técnico a ser julgado.

Poderá ser apenas um árbitro ou um conjunto de árbitros (um tribunal arbitral), à escolha das partes. Se for mais de um, devem ser sempre em número ímpar (art. 13, §1º, Lei da Arbitragem). A escolha do nome ou dos nomes será feita, em regra, pelas partes, ou por sorteio na câmara arbitral escolhida por elas.

O árbitro pode decidir de direito ou por equidade. O **julgamento de direito** é o modo comumente conhecido de julgar: aplica-se a lei ao caso concreto para obter a solução. Por exemplo, a Consolidação das Leis do Trabalho (CLT) diz que os requisitos para que se caracterize uma relação de emprego são pessoalidade, onerosidade, não eventualidade e subordinação. Em uma discussão trabalhista nesse tocante, se ficar comprovado que o trabalho era pessoal, oneroso, não eventual e subordinado, a decisão será de que havia uma relação de emprego, porque a lei o diz.

Na via arbitral, também é válido o julgamento por equidade. Esse tipo de julgamento não se escora na legislação para decidir, e sim na distribuição de justiça conforme o que se considerar correto pelo árbitro para o caso em questão. O julgamento por equidade é uma oportunidade aberta para decidir, mas podem ser estabelecidos limites na convenção de arbitragem.

Um exemplo clássico de julgamento por equidade encontra-se em uma história bastante conhecida sobre duas mães, escrita cerca de 2.600 anos atrás:

> Certo dia duas prostitutas compareceram diante do rei. Uma delas disse: "Ah meu senhor! Esta mulher mora comigo na mesma casa. Eu dei à luz um filho e ela estava comigo na casa. Três dias depois de nascer o meu filho, esta mulher também deu à luz um filho. Estávamos sozinhas, e não havia mais ninguém na casa. Certa noite esta mulher se deitou sobre o seu filho, e ele morreu.
>
> Então ela se levantou no meio da noite e pegou o meu filho enquanto eu, tua serva, dormia, e o pôs ao seu lado. E pôs o filho dela, morto, ao meu lado. Ao levantar-me de madrugada para amamentar o meu filho, ele estava morto. Mas quando olhei bem para ele de manhã, vi que não era o filho que eu dera à luz". A outra mulher disse: "Não! O que está vivo é meu filho; o morto é seu". Mas a primeira insistia: "Não! O morto é seu; o vivo é meu". Assim elas discutiram diante do rei.
>
> O rei disse: "Esta afirma: 'Meu filho está vivo, e o seu filho está morto', enquanto aquela diz: 'Não! Seu filho está morto, e o meu está vivo'". Então o rei ordenou: "Tragam-me uma espada". Trouxeram-lhe. Ele então ordenou: "Cortem a criança viva ao meio e deem metade a uma e metade à outra". A mãe do filho

> que estava vivo, movida pela compaixão materna, clamou: "Por favor, meu senhor, dê a criança viva a ela! Não a mate". A outra, porém, disse: "Não será nem minha nem sua. Cortem-na ao meio!"
> Então o rei deu o seu veredicto: "Não matem a criança! Deem-na à primeira mulher. Ela é a mãe".

Fonte: Bíblia. I Reis, 2007, 3: 16-27.

O julgamento que aconteceu nessa história ilustra um exemplo de arbitragem por equidade, porque houve decisão com base no senso do que é justo aos olhos do julgador. Aqui, temos a decisão como sábia, porém, fundamentar toda a decisão do caso à visão de um julgador, para alguns, pode parecer temerário.

O árbitro somente poderá decidir por equidade se as partes expressamente o permitirem, e essa forma de decidir deve ser declarada na sentença.

Segundo Haroldo Verçosa (2016), na arbitragem de direito, "o árbitro deve aplicar a lei, pura e simplesmente". Na arbitragem por equidade, "a sentença arbitral atribuirá a cada parte aquilo que lhe pertence, no âmbito de cada caso concreto". Para o autor, as arbitragens por equidade são quase inexistentes no Brasil, pois as partes receiam pela insegurança do resultado. Mais especificamente, receiam a maneira pela qual o árbitro entende o que é equidade e como deve ser aplicada.

Prossegue Verçosa (2016): "Daí a preferência pela arbitragem de direito. Afinal de contas a lei é conhecida (ou deveria) e poder-se-ia esperar com algum grau de segurança e certeza qual seria o resultado da decisão que viesse a ser proferida em uma demanda, seja perante o Judiciário, seja via arbitragem".

> Um processo arbitral que envolva a Administração Pública pode ser sigiloso?
> E mais: pode ele ser por equidade, sem a aplicação apenas da lei, mas de um sentido de justiça?

Na Administração Pública, ao contrário dos conflitos particulares, não é possível o julgamento arbitral por equidade. A Lei da Arbitragem (art. 2º, §3º) prevê regras especiais para arbitragem no que tange ao Poder Público: "A arbitragem que envolva a administração pública será sempre de direito e respeitará o princípio da publicidade". Portanto, sempre será aplicado o direito, não se admitindo o julgamento por equidade, e o processo será público. Essa previsão é necessária para resguardar o interesse público e a segurança jurídica, princípios que não admitem que a Administração Pública crie surpresas para o cidadão.

Os deveres do árbitro estão previstos no art. 13, parágrafo 6º: "No desempenho de sua função, o árbitro deverá proceder com imparcialidade, independência, competência, diligência e discrição." (Brasil, 1996). Daniel Nogueira (2015, p. 82-83, grifo do original) deslinda esses deveres:

> i. ***Dever de cumprir tempestivamente o mandato.*** *Diferentemente do que acontece perante o juiz estatal, o prazo do árbitro para proferir a sentença não é uma mera referência. O árbitro tem o dever de sentenciar dentro do prazo estabelecido pelas partes, pelo regulamento ou pela lei. Se não o fizer, pode ser*

notificado por qualquer parte para sentenciar no prazo suplementar de dez dias. O desatendimento desse prazo suplementar implicará em extinção do compromisso arbitral, com o consequente encerramento do procedimento, e sujeição do árbitro à responsabilização civil e criminal.

ii. **Dever de independência e imparcialidade. Dever de Revelação.** *O árbitro tem o dever de ser independente e imparcial quando nomeado e assim permanecer durante todo o período de seu encargo. Intimamente ligado ao dever de independência e imparcialidade está o dever de revelação: A pessoa indicada para atuar como árbitro, antes de aceitar a função, tem o dever de revelar às partes qualquer fato que denote dúvida justificada quanto à sua imparcialidade e independência. Da mesma forma, o árbitro tem o dever de revelar qualquer fato superveniente à sua nomeação que afete sua imparcialidade e independência.*

iii. **Dever de competência.** *[...] o indivíduo indicado como árbitro tem o dever de recusar o encargo se não gozar de capacidade técnica suficiente para competentemente decidir o litígio.*

iv. **Dever de diligência. Dever de disponibilidade. Dever de eficiência. Dever de zelo pela regularidade do procedimento arbitral.** *O árbitro tem o dever de ser diligente no cumprimento de seu mandato e eficiente na regular condução do procedimento arbitral. Se, por conta de outras obrigações profissionais ou circunstâncias pessoais ele souber que não gozará de tempo suficiente para dedicar ao adequado processamento da demanda, tem a obrigação de recusar a nomeação. Do dever de diligência* *também decorre, de um lado, o dever de tomar as medidas necessárias para que o procedimento arbitral se desenvolva eficientemente e, de outro lado, o dever de não permitir que, por seu dolo direto ou eventual, o procedimento arbitral seja maculado por nulidade.*

v. **Dever de Sigilo.** *O árbitro tem o dever de guardar sigilo sobre os fatos a que teve acesso em decorrência do procedimento arbitral, ainda que as próprias partes não estejam obrigadas a preservar confidencialidade. As partes podem, conjuntamente, desobrigar o árbitro do deve de preservar o sigilo, tornando o procedimento e a respectiva sentença pública para todos os fins; porém, mesmo nesses casos, sobrevive o dever do árbitro de se manter discreto quanto aos fatos relacionados à arbitragem.*

O árbitro é remunerado pelas próprias partes, portanto o procedimento arbitral é em geral mais caro do que o procedimento judicial, no qual há custas fixadas em tabelas editadas no âmbito de cada unidade da federação que não sustentam por si sós o Poder Judiciário. Por vezes, o procedimento judicial é mais **caro** do que a arbitragem, como demonstra Moraes (2017), principalmente quando a causa tem um valor muito alto, levando em consideração especialmente a sucumbência. Em seu artigo, o autor menciona caso decidido pelo Tribunal de Justiça no qual os honorários sucumbenciais foram "fixados no patamar de 20% (vinte por cento). Considerando o valor da causa (R$ 1,3 milhão), os honorários atingiram o patamar de R$ 270 mil." (Moraes, 2017). Em um procedimento arbitral, as custas de processo semelhante, com o mesmo valor em litígio, seriam de aproximadamente R$ 62 mil; ou, se em vez de árbitro único, as partes optassem por um tribunal arbitral, composto de três árbitros, seriam R$ 127 mil, considerando a tabela da Câmara de Arbitragem Empresarial (Camarb). Em procedimento arbitral, como tem origem contratual, as partes podem até mesmo acordar que não haverá honorários de sucumbência (Moraes, 2017).

 Assim, não é em todos os casos que a arbitragem é mais custosa e, apesar de às vezes ter maior custo, traz como vantagens a escolha do julgador pelas partes, a possibilidade de selecionar um profissional altamente especializado na área do conflito e a garantia de celeridade.

3.3 Relação da arbitragem com o Poder Judiciário

O art. 5º da Constituição, em seu inciso XXXV, enuncia: "a lei não excluirá da apreciação do Poder Judiciário lesão ou ameaça a direito" (Brasil, 1988). Assim, a lei não pode impedir o Poder Judiciário de julgar, pois uma lei nesse sentido seria inconstitucional, retirando o dever do indivíduo. Por outro lado, os indivíduos, não por lei, mas por uma convenção particular entre si, podem pactuar por outro método de julgamento, como a arbitragem, e, claro, não feririam a lei por essa escolha voluntária.

 Uma vez que as partes decidam que o conflito será resolvido pela via arbitral, o Poder Judiciário não pode, em regra, interferir. Se uma parte interpuser uma petição inicial sobre o caso no Poder Judiciário, havendo convenção de arbitragem, a outra parte apresentará a convenção de arbitragem em defesa e o juiz extinguirá o processo sem julgar o mérito, consoante o art. 485, inciso VII, do CPC.*

Essa afirmação encontra exceção: o Poder Judiciário pode decidir em caso de tutela de urgência, em casos graves nos quais o árbitro não poderia agir em tempo hábil, entre outras situações. Essa intervenção do Judiciário pode envolver o mérito da causa (como uma medida de urgência, analisando os fatos e o direito) ou ser apenas procedimental (decisão que nomeia o árbitro da causa, quando as partes conseguem decidir por comum acordo quem será o árbitro).

Em resumo sobre esse aspecto: o Poder Judiciário não pode decidir o mérito do que é discutido se as partes convencionaram que o conflito seria decidido por arbitragem, porém pode, de acordo com a Lei da Arbitragem, intervir em procedimento arbitral em caso de nulidade (art. 33) e em outros casos expressamente previstos, como nomeação de árbitro (art. 7º, §4º) e concessão de tutela de urgência (art. 22-A).

Vejamos esses casos citados, em que o Poder Judiciário pode se envolver quando vigora uma convenção de arbitragem, todos da Lei da Arbitragem. Diz o art. 7º, parágrafo 4º: "Se a cláusula compromissória nada dispuser sobre a nomeação de árbitros, caberá ao juiz, ouvidas as partes, estatuir a respeito, podendo nomear árbitro único para a solução do litígio." (Brasil, 1996).

---

* Nesse caso, a parte citada no juízo estatal deve alegar e provar a existência de convenção de arbitragem na primeira oportunidade que tiver para se manifestar no processo. Se não o fizer, seu silêncio a respeito significará que aceitou a jurisdição do Estado, rejeitando tacitamente a convenção de arbitragem antes acordada com a outra parte (art. 337, § 6º, do CPC). Nessa hipótese, portanto, será válida a tramitação do processo no Judiciário, não sendo aceita arguição posterior.

Quando as partes decidem pela arbitragem, mas não pelo árbitro, um juiz o nomeará (sem interferir no mérito do caso). No mesmo sentido, o art. 13, parágrafo 2º: "Quando as partes nomearem árbitros em número par, estes estão autorizados, desde logo, a nomear mais um árbitro. Não havendo acordo, requererão as partes ao órgão do Poder Judiciário a que tocaria, originariamente, o julgamento da causa a nomeação do árbitro, aplicável, no que couber, o procedimento previsto no art. 7º desta Lei." (Brasil, 1996). O art. 16, parágrafo 2º, em relação a árbitro substituto, tem a mesma dicção, de dar ao juiz poder de nomear árbitro caso as partes não cheguem a um acordo.

O art. 22-A dispõe: "Antes de instituída a arbitragem, as partes poderão recorrer ao Poder Judiciário para a concessão de medida cautelar ou de urgência." (Brasil, 1996).

Pela necessidade de tutelar um interesse com urgência, um juiz pode ser provocado para conceder uma liminar, ainda que haja uma convenção de arbitragem. Em respeito à arbitragem, no entanto, até a eficácia da medida é limitada, tanto temporal quanto materialmente, voltando às mãos do árbitro após decisão do juiz:

> Art. 22-A. [...]
> [...]
> Parágrafo único. Cessa a eficácia da medida cautelar ou de urgência se a parte interessada não requerer a instituição da arbitragem no prazo de 30 (trinta) dias, contado da data de efetivação da respectiva decisão.
> Art. 22-B. Instituída a arbitragem, caberá aos árbitros manter, modificar ou revogar a medida cautelar ou de urgência concedida pelo Poder Judiciário. (Brasil, 1996)

Um caso de urgência que podemos pensar é o de uma parte, locatária, estar destruindo propositalmente o imóvel do locador. Pela via arbitral, eventual decisão de urgência teria ainda de ser protocolada no Judiciário para execução, com emprego de força policial se necessário, por isso se autoriza a intervenção direta do Judiciário para a concessão da medida de urgência.

Segundo o art. 33, parágrafo 4º, da Lei da Arbitragem: "A parte interessada poderá ingressar em juízo para requerer a prolação de sentença arbitral complementar, se o árbitro não decidir todos os pedidos submetidos à arbitragem." (Brasil, 1996). Pode ocorrer que, mesmo instado a se manifestar expressamente sobre cada pedido e arguição feitos, o árbitro fique silente. Então, qualquer das partes pode formular um pedido de esclarecimentos (art. 30), a fim de que ele sane essa falha:

> Art. 30. No prazo de 5 (cinco) dias, a contar do recebimento da notificação ou da ciência pessoal da sentença arbitral, salvo se outro prazo for acordado entre as partes, a parte interessada, mediante comunicação à outra parte, poderá solicitar ao árbitro ou ao tribunal arbitral que:
> I – corrija qualquer erro material da sentença arbitral;
> II – esclareça alguma obscuridade, dúvida ou contradição da sentença arbitral, ou se pronuncie sobre ponto omitido a respeito do qual devia manifestar-se a decisão.

Se a decisão do pedido de esclarecimentos, que se dará no prazo de 10 dias (art. 30, parágrafo único), não tiver solucionado a falha de omissão (inciso II), o art. 33, parágrafo 4º, permite que um juiz de direito decida sobre o ponto ou os pontos omissos.

Como vimos na lei, o prazo para pedir revisão da sentença arbitral é de cinco dias; logo, passado esse prazo sem qualquer arguição, a decisão transita em julgado, ou seja, é final e não pode mais ser questionada no próprio procedimento – podendo ser excepcionalmente inquinada em outro processo, como a respeito do art. 33, parágrafo 4º, da Lei da Arbitragem –, e pode ser exigida e executada, inclusive perante o Poder Judiciário.

Aqui, reforça-se a pergunta feita: o Poder Judiciário poderá julgar um conflito se houver uma convenção de arbitragem?

A resposta é: não, **em regra**. No entanto, se a convenção for nula, isto é, padecer de um vício, uma irregularidade ou ilegalidade, não terá eficácia. Temos de nos lembrar, por exemplo, de quem pode participar de uma arbitragem e sobre quais matérias. Trabalhamos anteriormente os sujeitos e objetos passíveis de resolução por arbitragem: se o caso concreto for diferente dessas possibilidades, a convenção de arbitragem poderá ser nula, como se nunca tivesse existido; no caso de nulidade da convenção de arbitragem, o Poder Judiciário poderá receber e julgar a causa.

Outro exemplo de ineficácia da convenção se dá nos **contratos de adesão**, aqueles nos quais uma parte só tem a opção de assinar ou não, sem poder discutir as cláusulas do contrato. Diz o art. 4º, parágrafo 2º, da Lei da Arbitragem: "Nos contratos de adesão, a cláusula compromissória só terá eficácia se o aderente tomar a iniciativa de instituir a arbitragem ou concordar, expressamente, com a sua instituição, desde que por escrito em documento anexo ou em negrito, com a assinatura ou visto especialmente para essa cláusula.".

Assim, em contratos de adesão (por exemplo, financiamento com instituições financeiras, assinatura de serviço de telefone, televisão a cabo ou internet, contratos de indivíduos com empresas em geral), uma cláusula de arbitragem ali inserida somente terá eficácia se o aderente tomar a iniciativa de instituir a arbitragem ou tornar inequívoca sua aquiescência a partir de assinatura em documento anexo ou visto aposto especificamente para a cláusula. Essa disposição visa evitar o abuso de empresas de impor esse método, mais caro, a todos os que contratassem com ela, o que certamente restringiria o acesso à justiça às pessoas com mais recursos. Em última análise, esse dispositivo visa garantir que a cláusula arbitral seja instituída sempre privilegiando a autonomia das partes no gozo de sua livre vontade.

Reforçando a ideia: em regra, o Judiciário não pode tramitar e muito menos sentenciar um conflito quando sobre ele vige uma convenção de arbitragem. Há exceção, portanto, se a convenção ou a cláusula de arbitragem for nula, pois o efeito produzido pela declaração judicial de nulidade é como se não existisse.

A convenção ou a cláusula de arbitragem também será nula quando não houver livre vontade das partes em sua instituição. A ausência de livre vontade se verifica nas hipóteses conhecidas, no Direito Civil, como *vícios de consentimento*. *Vício*, na linguagem técnica, não tem a acepção mais comum do termo, mas significa simplesmente "falha" em linguagem comum, vícios de consentimentos são falhas no consentimento. Veremos três desses vícios, aqueles que mais possivelmente podem ocorrer na instauração de uma convenção de arbitragem: o erro, o dolo e a coação, que são defeitos do negócio jurídico (Gonçalves, 2012).

O **erro** é a falsa representação da realidade. A própria pessoa se engana, sem que o outro seja responsável. Ocorre erro quando B oferece seu carro à venda para Y, que rapidamente aceita, pensando consigo mesmo ser preta sua cor (porque só o viu à noite). Na entrega, porém, descobre que, na verdade, o carro é azul-marinho.

Trazendo o vício de consentimento *erro* para a arbitragem, é o caso de um sujeito que, mesmo sendo apresentado corretamente ao que seja a arbitragem, acaba não entendendo e assina um contrato com cláusula de arbitragem imaginando que seja exatamente a mesma coisa que procurar um juiz. No erro, ninguém pretende prejudicar a pessoa, mas ela se engana por si mesma. Quando a pessoa é levada ao engano, ocorre o dolo.

Dolo é um artifício enganoso utilizado para induzir uma pessoa à prática de um ato que aproveite ao autor do dolo ou a terceiro. Trata-se de sugestões ou outros meios empregados por uma das partes a fim de conseguir da outra a emissão do ato de vontade (como a assinatura de um contrato). Por exemplo, a alegação de um gerente de banco de que o cliente pode assinar o contrato de investimento porque terá apenas bônus e nenhum ônus, omitindo o fato de que o contrato prevê taxa de administração de 2% ao mês. Lembremos que o dolo no Direito Civil não tem relação com o dolo do Direito Penal.

O último vício de consentimento que veremos é a **coação**. Pensemos na etimologia da palavra: *co-*, que expressa a ideia de juntamente (como em *copiloto*), e *ação*. Literalmente, significa agir juntamente e, propriamente, é forçar alguém a agir, por meio de violência psicológica. Portanto, coação é a ameaça exercida sobre alguém para forçá-lo a praticar um ato. Coagir alguém a fazer algo torna viciada a vontade da pessoa que praticou o ato por temor.

Nem todo vício de consentimento implica a nulidade da convenção de arbitragem; dependerá do assunto sobre o qual recaiu o vício e da verdadeira intenção das partes. Por exemplo: João alugou a casa de Márcio, e, na negociação, os dois concordaram que qualquer conflito advindo desse contrato seria resolvido pela via arbitral. João pensou que fariam um contrato de locação e, separadamente, um outro contrato para discorrer sobre a arbitragem a ser aplicada ao caso do aluguel, mas Márcio optou por fazer um único contrato e inseriu nele uma cláusula de arbitragem. João leu sem atenção e não percebeu que estava concordando com a arbitragem ao assinar aquele contrato, portanto, incorreu em erro – uma falsa representação da realidade, pois assinou um contrato com cláusula arbitral sem tomar conhecimento dela. Porém, ele já tinha manifestado sua livre concordância com a opção pela arbitragem, logo, o erro é secundário nesse caso e não pode ser invocado para anular a instituição da arbitragem.

O vício de consentimento pode ser, ainda, convalidado, se a parte que incorreu nele posteriormente manifestar sua livre vontade. Digamos que Jane, empregada de Lídio, foi obrigada por seu patrão a assinar uma convenção de arbitragem em um contrato particular de locação que fizeram. Se Jane quiser discutir a locação e tomar livremente a iniciativa de instaurar uma arbitragem, em vez de procurar o Poder Judiciário, o antigo vício de consentimento terá sido convalidado por essa sua manifestação de vontade.

O vício de consentimento depende de a parte prejudicada arguir o defeito de sua vontade, pelo que, então, pode ser declarada a nulidade. A nulidade não é automática e não pode ser declarada de ofício pelo juiz, isto é, sem que a parte apresente o fato. Assim, diz-se que há **nulidade relativa**, ou **anulabilidade do ato**: não é nulo desde logo, mas depende da provocação da parte interessada em arguir o vício. Por exemplo, se a parte coagida a assinar uma convenção de arbitragem não se manifestar, a arbitragem pode ocorrer sem qualquer impedimento.

3.4 Procedimento arbitral

Qualquer questão mais complexa exige procedimentos, uma divisão em etapas que permite quebrar um problema em partes menores com vistas à solução. Com a arbitragem, não poderia ser diferente. Você conhece um procedimento judicial, isto é, tem uma visão geral de como corre um processo judicial? O procedimento arbitral é bastante semelhante.

A arbitragem deve ter início com a vontade das partes de resolver o conflito dessa maneira. É, assim, um procedimento sempre **voluntário**, estabelecido em comum pelas partes pela convenção de arbitragem. Convenção de arbitragem é um acordo de vontade entre as partes, que tem efeito vinculante – isto é, obrigatório. Conforme Carmona (1998, p. 73), a convenção de arbitragem tem duplo caráter:

> como acordo de vontades, vincula as partes no que se refere a litígios atuais ou futuros, obrigando-as reciprocamente à submissão ao juízo arbitral; como pacto processual, seus objetivos são os de derrogar a jurisdição estatal, submetendo as partes à jurisdição dos árbitros. Portanto, basta a convenção de arbitragem (cláusula ou compromisso) para afastar a competência do juiz togado, sendo irrelevante estar ou não instaurado o juízo arbitral.

A convenção de arbitragem pode se dar por cláusula compromissória ou por compromisso arbitral.

Segundo Bianca Fuzetti (2014), o compromisso arbitral é

> celebrado pelas partes quando do surgimento de determinado conflito [...], desejando ver solucionado o litígio pela via arbitral. [...] o compromisso tem como pressuposto uma controvérsia já surgida – ao contrário da cláusula compromissória, em que o litígio é futuro e eventual –, assim, no compromisso o conflito é determinado, enquanto, na cláusula, determinável (com critérios para ser determinado, mas não completo e fechado).

Apesar do estudo realizado acerca das diferenças entre cláusula arbitral e compromisso arbitral, a distinção terminológica é de somenos importância:

> a distinção entre cláusula arbitral e compromisso, principalmente na arbitragem internacional, "não apresenta nenhum interesse prático", sendo inclusive ignorada por algumas legislações modernas. Mesmo no caso de arbitragem interna, existe uma tendência de não diferenciação, haja vista que as diferenças são mínimas e que existe uma profunda identidade entre os dois.
> (ABDCONST, 2017, p. 1)

Portanto, ao decidirem submeter um conflito específico a um árbitro ou a uma câmara arbitral para solução, as partes têm um compromisso arbitral. "O compromisso arbitral é a convenção através da qual as partes submetem um litígio à arbitragem de uma ou mais pessoas, podendo ser judicial ou extrajudicial" (art. 9º da Lei da Arbitragem).

Vejamos dois modelos de cláusula arbitral, fornecidos pelo Centro Internacional para Resolução de Disputas (ICDR na sigla em inglês, International Centre for Dispute Resolution):

Versão curta de cláusula-modelo para contratos comerciais internacionais

> *Qualquer disputa oriunda ou relacionada ao presente contrato, inclusive quanto à sua inexecução, interpretação, validade ou extinção, será resolvida por arbitragem administrada pelo Centro Internacional de Resolução de Disputas (ICDR), em conformidade com seu Regulamento de Arbitragem Internacional.* (ICDR, 2017, p. 2)

Cláusula "escalonada" (dois momentos: negociação e arbitragem)

> *Havendo qualquer disputa oriunda ou relacionada ao presente contrato, inclusive quanto à sua inexecução, as partes deverão consultar uma a outra para fins de negociação e, em havendo interesse mútuo, tentarão alcançar uma solução satisfatória para a disputa. Se um acordo não for alcançado dentro de 60 dias após notificação de uma parte para a(s) outra(s), qualquer disputa não resolvida será decidida por arbitragem submetida ao Centro Internacional de Resolução de Disputas (ICDR), de conformidade com seu Regulamento de Arbitragem Internacional.* (ICDR, 2017, p. 3)

Esse último modelo prevê um tempo máximo para as partes negociarem diretamente entre si (60 dias), a fim de que a parte que não almeje a solução não possa retardar indefinidamente a resolução do conflito.

Ao realizar o compromisso arbitral, algumas especificações devem constar nele necessariamente, enquanto outras não são obrigatórias.

São elementos **obrigatórios** do compromisso arbitral, nos termos do art. 10 da Lei da Arbitragem:

> I – o nome, profissão, estado civil e domicílio das partes;
> II – o nome, profissão e domicílio do árbitro, ou dos árbitros, ou, se for o caso, a identificação da entidade à qual as partes delegaram a indicação de árbitros;
> III – a matéria que será objeto da arbitragem; e
> IV – o lugar em que será proferida a sentença arbitral.
> (Brasil, 1996)

Essas informações são obrigatórias porque são básicas para que a arbitragem possa efetivamente ter início.

Por outro lado, são elementos **facultativos** do compromisso arbitral, que podem ou não constar, de acordo com a necessidade e a conveniência das partes sobre esses pontos específicos, conforme indica o art. 11:

> I – local, ou locais, onde se desenvolverá a arbitragem;
> II – a autorização para que o árbitro ou os árbitros julguem por equidade, se assim for convencionado pelas partes;
> III – o prazo para apresentação da sentença arbitral;
> IV – a indicação da lei nacional ou das regras corporativas aplicáveis à arbitragem, quando assim convencionarem as partes;

> V – a declaração da responsabilidade pelo pagamento dos honorários e das despesas com a arbitragem; e
> VI – a fixação dos honorários do árbitro, ou dos árbitros.
> (Brasil, 1996)

Se as partes quiserem estipular o valor a ser pago ao árbitro e o prazo para a prolação da sentença, elas dependerão de sua anuência. Já a autorização para resolver o caso por equidade (estudaremos adiante o que é) pode não existir, se as partes decidirem pela resolução por direito. Assim, conforme os dispositivos citados da Lei da Arbitragem, temos o Quadro 3.1.

Quadro 3.1 – Compromisso arbitral

Compromisso arbitral	
Elementos obrigatórios (art. 10 da Lei da Arbitragem)	**Elementos facultativos** (art. 11 da Lei da Arbitragem)
» Nome, profissão, estado civil e domicílio das partes. » Matéria que será objeto da arbitragem. » Lugar onde será proferida a sentença arbitral. » Nome, profissão e domicílio do(s) árbitro(s), ou, senão, a identificação da entidade à qual as partes delegaram a indicação de árbitros.	» Prazo para prolação da sentença. » Valor a ser pago ao árbitro. » Autorização a resolver o caso por equidade; entre outros elementos.

Sobre a convenção de arbitragem, vejamos os dispositivos da Lei da Arbitragem:

> Art. 3º As partes interessadas podem submeter a solução de seus litígios ao juízo arbitral mediante convenção de arbitragem, assim entendida a cláusula compromissória e o compromisso arbitral.
>
> Art. 4º A cláusula compromissória é a convenção através da qual as partes em um contrato comprometem-se a submeter à arbitragem os litígios que possam vir a surgir, relativamente a tal contrato.
>
> §1º A cláusula compromissória deve ser estipulada por escrito, podendo estar inserta no próprio contrato ou em documento apartado que a ele se refira.
>
> [...]
>
> Art. 6º Não havendo acordo prévio sobre a forma de instituir a arbitragem, a parte interessada manifestará à outra parte sua intenção de dar início à arbitragem, por via postal ou por outro meio qualquer de comunicação, mediante comprovação de recebimento, convocando-a para, em dia, hora e local certos, firmar o compromisso arbitral.
>
> Parágrafo único. Não comparecendo a parte convocada ou, comparecendo, recusar-se a firmar o compromisso arbitral, poderá a outra parte propor a demanda de que trata o art. 7º desta Lei, perante o órgão do poder judiciário a que, originariamente, tocaria o julgamento da causa. (Brasil, 1996)

O art. 19 e os seguintes da Lei da Arbitragem estabelecem as regras gerais para o procedimento uma vez que ele seja acordado. O processo se inicia mediante o protocolo da petição inicial pela parte interessada. O árbitro sempre deve procurar e incentivar a autocomposição das partes, assim como é exigida essa aproximação negocial no processo judicial. Se não houver conciliação, há argumentação das partes, produção das provas necessárias e, ao final, sentença arbitral.

Com relação às provas: a fim de garantir maior celeridade ao procedimento arbitral – comparado ao processo judicial –, os meios de prova são um pouco mais restritos. É claro que são garantidos o contraditório e a ampla defesa, porém, como são direitos disponíveis, em regra, eventual falha técnica na defesa não garantirá nova chance de praticar o ato. Por exemplo, se uma das partes, por descuido, perder o prazo para arrolar testemunhas, não poderá fazê-lo posteriormente.

Enquanto nos processos judiciais há, em regra, audiência (principalmente para ouvir as partes e testemunhas), na arbitragem, a audiência não é regra, porque toma tempo – agendar, preparar o ato, transcrever o que for dito nela ou gravar e conceder prazo para manifestação sobre alguma intercorrência. Isso não quer dizer que não ocorram atos presenciais, pois, conforme o art. 22 da Lei da Arbitragem, o árbitro pode (e, sempre que necessário, deve) "tomar o depoimento das partes, ouvir testemunhas e determinar a realização de perícias ou outras provas que julgar necessárias, mediante requerimento das partes ou de ofício" (Brasil, 1996).

Quando não for essencial que todos estejam juntos, o árbitro pode poupar tempo pedindo que os depoimentos das testemunhas sejam trazidos aos autos do procedimento arbitral por escrito. Pede-se normalmente que esse depoimento seja realizado por escritura pública, isto é, que seja prestado perante um tabelião, que registrará em documento público o que for dito pela testemunha dos fatos, no que se chama de *escritura de declaração*.

A todo momento, a conciliação será tentada (art. 21, §4º, da Lei da Arbitragem). A autocomposição é regra no atual momento do ordenamento jurídico brasileiro e deve continuar assim. Ela é sempre incentivada e preferida, pois as partes saem mais satisfeitas quando resolvem um conflito por si sós e são reduzidos o tempo e os recursos necessários para alcançar a solução.

A arbitragem tem um procedimento que pode ser modificado por acordo entre as partes, no entanto, por uma ordem lógica, segue os mesmos princípios e as mesmas etapas de um processo judicial. Assim, podemos pensar o procedimento desta forma:

1. Pedido inicial (ou petição inicial)
2. Primeira tentativa de autocomposição (reiterada ao longo do procedimento)
3. Defesa
4. Produção de provas
5. Audiência, se necessária
6. Razões finais
7. Sentença arbitral

Apesar dessa ordem exemplificativa, é importante saber que o procedimento arbitral não é engessado, como frisa o art. 21: "A arbitragem obedecerá ao procedimento estabelecido pelas partes na convenção de arbitragem, que poderá reportar-se às regras de um órgão arbitral institucional ou entidade especializada, facultando-se, ainda, às partes delegar ao próprio árbitro, ou ao tribunal arbitral, regular o procedimento." (Brasil, 1996).

Inicialmente, o árbitro incentivará a tentativa de conciliação e, não sendo frutífera, passará à **instrução**, à continuidade do procedimento arbitral, com a colheita das provas.

A produção de provas é ampla, sendo regida pelo árbitro. "São permitidos no procedimento arbitral todos os meios de prova em direito admitidas, como o depoimento das partes, a prova testemunhal e pericial" (Pinto, 2002, p. 113), entre outras, ainda que não nomeadas expressamente. Compete ao árbitro deferir ou indeferir as provas requeridas pelas partes de acordo com o que for pertinente ou não para a solução da lide. No procedimento arbitral, o árbitro é o senhor das provas, e assim dispõe o art. 22: "Poderá o árbitro ou o tribunal arbitral tomar o depoimento das partes, ouvir testemunhas e determinar a realização de perícias ou outras provas que julgar necessárias, mediante requerimento das partes ou de ofício." (Brasil, 1996).

Para o depoimento das partes, o árbitro as esclarece sobre o objetivo do depoimento e a ordem de depor: primeiro o demandante, depois o demandado. O intuito do depoimento das partes é a compreensão mais ampla dos fatos e, especialmente, obter confissão. É possível que, no afã litigante, uma petição contenha mais pedidos do que são legítimos, e a boa condução de um depoimento pode fazê-los cair desde logo, para que não seja necessário levá-los para dirimir pelas demais provas (perícia, documentos, testemunhas). Se a parte convocada a depor sem justo motivo se recusar, sua conduta será levada em consideração pelo árbitro ao proferir sua sentença (art. 22, §2º, da Lei da Arbitragem).

A parte que pretende ouvir testemunhas deve dizê-lo, ainda que genericamente, já na petição inicial ou na contestação (primeiro momento em que demandante e demandado, respectivamente, falam no processo), pugnando pela produção de prova testemunhal. Se não forem especificadas as testemunhas, antes da audiência, o árbitro as requererá. Quando o árbitro requerer o rol de testemunhas, as partes deverão arrolá-las, isto é, listá-las, com nome, endereço e demais informações de cada uma. Conforme o art. 450 do CPC, aplicável ao procedimento arbitral, "O rol de testemunhas conterá, sempre que possível, o nome, a profissão, o estado civil, a idade, o número de inscrição no Cadastro de Pessoas Físicas, o número de registro de identidade e o endereço completo da residência e do local de trabalho." (Brasil, 2015a).

As partes podem contraditar as testemunhas, isto é, impugnar que sejam ouvidas como testemunhas, pelas razões do art. 447 do CPC: amizade íntima com a parte que arrolou, inimizade com a parte adversa, manifesto interesse na causa, parentesco e outras causas. A partir da alegação, dar-se-á a oportunidade de provar a contradita, o que será submetido a contraditório pela oportunidade de a outra parte se manifestar. O árbitro, se decidir por incapacidade, impedimento ou suspeição, pode dispensar a testemunha ou ouvi-la como informante (sem prestar o compromisso de dizer a verdade), ou, reconhecendo não proceder a alegação, proceder à oitiva da testemunha normalmente.

Qualquer pessoa pode ser testemunha, exceto os incapazes, os suspeitos e os impedidos, conforme o art. 447 do CPC. Conheça quem são eles no Quadro 3.2.

Quadro 3.2 – Pessoas que não podem ser testemunhas em um processo judicial ou arbitral

Não podem ser testemunhas as pessoas...	Que são...	Quem são?
Incapazes	Pessoas sem capacidade civil e, além delas, pessoas sem capacidade física ou cognitiva para conhecer os fatos ou expressar sua vontade	a) O interdito por enfermidade ou deficiência mental
		b) O que, acometido por enfermidade ou retardamento mental, ao tempo em que ocorreram os fatos, não podia discerni-los, ou, ao tempo em que deve depor, não está habilitado a transmitir as percepções
		c) O que tiver menos de 16 anos
		d) O cego e o surdo, quando a ciência do fato depender dos sentidos que lhes faltam

(continua)

(Quadro 3.2 – conclusão)

Não podem ser testemunhas as pessoas...	Que são...	Quem são?
Impedidas	Pessoas que, por critério objetivo, não podem depor	a) O cônjuge, o companheiro, o ascendente e o descendente em qualquer grau, o parente em linha reta e o colateral até o terceiro grau de alguma das partes, por consanguinidade ou afinidade
		b) O que é parte na causa
		c) O que intervém em nome de uma parte, como o tutor, o representante legal da pessoa jurídica, o juiz, o advogado e outros que assistam ou tenham assistido as partes
Suspeitas	Pessoas que, por critério de cunho pessoal ou emotivo (que deve ser comprovado), não podem ser testemunhas por não serem confiáveis, pela possibilidade esperada de motivações outras que não a busca da verdade	a) O inimigo da parte ou o seu amigo íntimo
		b) O que tiver interesse no litígio

Fonte: Elaborado com base em Brasil, 2015a.

A pessoa suspeita ou impedida não pode ser testemunha nem se estiver disposta a dizer a verdade e prestar o compromisso legal. Os critérios podem até ter certo grau de subjetividade (como a suspeição por amizade íntima), mas, uma vez constatada e comprovada sua ocorrência, a pessoa estará legalmente impossibilitada de prestar testemunho, podendo ser ouvida como informante se o árbitro assim decidir.

A testemunha tem o dever de depor se convocada em procedimento arbitral. A testemunha faltosa poderá ser conduzida coercitivamente, mediante auxílio do Poder Judiciário: "poderá o árbitro ou o presidente do tribunal arbitral requerer à autoridade judiciária que conduza a testemunha renitente, comprovando a existência da convenção de arbitragem" (art. 22, §2º, da Lei da Arbitragem). Serão ouvidas primeiro as testemunhas do demandante, depois as do demandado, providenciando para que uma não ouça o depoimento das outras (art. 456 do CPC), mantendo-as em salas separadas, a fim de que não haja influência do depoimento de uma sobre as outras. Antes de prestar seu depoimento, a testemunha prestará perante o árbitro o compromisso de dizer apenas a verdade e não omiti-la, "sob as penas da lei" (art. 458, parágrafo único, do CPC). Como todo o procedimento arbitral, a ordem de oitiva pode ser alterada por convenção das partes.

São primeiro ouvidas as testemunhas da parte demandante. A testemunha é primeiramente questionada pela parte que a arrolou, e o árbitro poderá inquiri-la a qualquer tempo (antes ou depois das partes, ou mesmo perguntar ou complementar perguntas durante a inquirição por uma das partes).

Se o árbitro vier a ser substituído durante o procedimento, o substituto pode aproveitar as provas já produzidas ou repeti-las, produzindo-as novamente, a seu critério (art. 22, §5º, da Lei da Arbitragem).

Antes de prolatar a sentença arbitral – tema de nosso próximo tópico –, o árbitro dá oportunidade às partes de apresentar suas alegações ou razões finais, que nada mais são do que uma petição na qual destacam seus principais argumentos para o convencimento do julgador. São também comumente chamadas de *memoriais*.

A arbitragem não tem um procedimento geral peremptório que deve ser seguido em todos os casos. A ordem constitucional deve ser obedecida, portanto aplicam-se os princípios da ampla defesa e do contraditório, sempre oportunizando às partes o poder de se manifestar a respeito das decisões do árbitro e se defender das alegações da parte adversa.

As partes podem decidir como será o procedimento, criando as próprias regras, desde que obedecida a Constituição, que não pode ser ignorada, e os princípios da igualdade das partes, da imparcialidade do árbitro e de seu livre convencimento motivado (art. 21, §2º, da Lei da Arbitragem); caso não disponham sobre o procedimento, poderão se submeter às regras estabelecidas pelo árbitro ou pela câmara arbitral à qual ele está vinculado. Se não houver estipulação prévia acerca do procedimento, caberá ao árbitro ou ao tribunal arbitral discipliná-lo.

3.5 Sentença arbitral

Trataremos agora da setença arbitral, decisão final na esfera da arbitragem; das hipóteses de nulidade da sentença arbitral; e de como a sentença arbitral estrangeira é executada no Brasil.

A sentença arbitral é título executivo judicial, ou seja, tem a mesma força que uma sentença judicial final na qual não haja mais possibilidade de recurso. De acordo com Nogueira (2015, p. 86-87):

> *Importante notar que, por expressa dicção legal, cabe ao árbitro julgar os fatos e o direito da demanda arbitral e sua sentença arbitral não fica sujeita a recurso ou a homologação pelo poder judiciário. De igual modo, a*

Lei de Arbitragem informa que a sentença arbitral produz, entre as partes e seus sucessores, os mesmos efeitos da sentença proferida pelos órgãos do poder judiciário e, sendo condenatória, constitui título executivo. Portanto, [...] o árbitro tem o poder de proferir uma sentença arbitral que tem a mesma eficácia de uma decisão judicial transitada em julgado [...].

De acordo com o art. 18 da Lei da Arbitragem, "O árbitro é juiz de fato e de direito, e a sentença que proferir não fica sujeita a recurso ou a homologação pelo Poder Judiciário" (Brasil, 1996). A sentença arbitral que proferir não fica sujeita a recurso ou homologação pelo Poder Judiciário. A sentença arbitral é definitiva, final, independente de pronúncia posterior de qualquer órgão ou esfera. A sentença arbitral tem força de sentença judicial (art. 515, inciso VII, do CPC).

A sentença arbitral tem basicamente os mesmos requisitos de uma sentença judicial cível (art. 489 do CPC). Deve ser escrita, como toda decisão arbitral (art. 24 da Lei da Arbitragem) e precisa conter, segundo o art. 26:

> I – o relatório, que conterá os nomes das partes e um resumo do litígio;
> II – os fundamentos da decisão, nos quais serão analisadas as questões de fato e de direito, mencionando-se, expressamente, se os árbitros julgaram por equidade;
> III – o dispositivo, em que os árbitros resolverão as questões que lhes forem submetidas e estabelecerão o prazo para o cumprimento da decisão, se for o caso; e
> IV – a data e o lugar em que foi proferida. (Brasil, 1996)

Quanto ao prazo, a sentença arbitral será proferida no prazo estipulado pelas partes. Se nada for convencionado, o prazo para a apresentação da sentença é de seis meses, contado da instituição da arbitragem ou da substituição do árbitro (art. 23 da Lei da Arbitragem).

Pensemos juntos: no Poder Judiciário, o prazo para um juiz proferir uma sentença cível é de 30 dias após o fim da instrução (art. 366 do CPC). Em tese, seria mais rápida que a sentença arbitral, não é mesmo?

Porém, os processos levam mais tempo em cada fase no Poder Judiciário e o prazo legal estabelecido para os juízes exararem a sentença raramente é atendido em sua plenitude.* Por isso, o procedimento arbitral, embora preveja sentença arbitral em seis meses, costuma ser mais rápido do que o judicial. Em seis meses de sua instauração, isto é, a partir da aceitação do árbitro para o caso, o procedimento arbitral deve estar encerrado e com sentença arbitral proferida. O prazo pode ser prorrogado por acordo entre o árbitro e as partes (art. 23, §2º, da Lei da Arbitragem).

Assim como a sentença judicial cível, a sentença arbitral pode ser parcial, decidir apenas uma parte da lide (art. 356 do CPC e art. 23, §1º, da Lei da Arbitragem). Portanto, se duas ou mais matérias forem objeto da arbitragem, pode ser decidida uma ou algumas de cada vez, por sentenças arbitrais parciais. Desse modo, a parte decidida pode ser imediatamente exigida, sem necessidade de aguardar a

---

* O prazo estabelecido para juízes é dito *impróprio*, pois não prevê consequências diretas em caso de descumprimento. Na prática, é pouco comum os juízes cumprirem os prazos legais para seus despachos e suas decisões, em razão do volume do trabalho. O que deve ser observado é que "Os juízes e os tribunais atenderão, preferencialmente, à ordem cronológica de conclusão para proferir sentença ou acórdão" (art. 12 do CPC), com exceções estabelecidas no parágrafo 2º do mesmo dispositivo, as quais podem ser julgadas antes, como "os processos criminais, nos órgãos jurisdicionais que tenham competência penal" (inciso VIII) e "a causa que exija urgência no julgamento, assim reconhecida por decisão fundamentada" (inciso IX).

decisão de todos os pontos controvertidos. Por exemplo, A exige de B R$ 25.000,00 de indenização por descumprimento de contrato de empreitada para a ampliação de um imóvel, cumulado com a obrigação de devolver os materiais de construção cedidos. A quantia do primeiro pedido ainda precisa ser analisada e demanda prova e contraprova das partes; o segundo pedido, porém, nem é contestado por B em sua defesa, e o árbitro vislumbra que o material deve ser devolvido – portanto pode exarar sentença arbitral decidindo esse ponto enquanto o outro prossegue sendo instruído, provado e argumentado no processo.

Uma vez proferida a sentença arbitral, a parte dita vencedora ficará satisfeita? Na maioria das vezes, um mero pedaço de papel contendo uma decisão favorável não satisfaz o interesse das partes, sendo necessário executar a decisão. Ou a parte vencida cumpre voluntariamente a sentença arbitral ou o Poder Judiciário deverá se envolver.

Como o árbitro não tem poder de Estado para impor e realizar atos coercitivos (como a condução de testemunhas), ele pode se socorrer da carta arbitral, na qual solicita a cooperação do Poder Judiciário para esses atos.

Conforme prevê o art. 22-C da Lei da Arbitragem, o árbitro ou o tribunal arbitral poderá expedir carta arbitral para que o órgão jurisdicional nacional pratique ou determine o cumprimento, na área de sua competência territorial, de ato solicitado pelo árbitro. Assim, o árbitro poderá requerer determinado procedimento ao Poder Judiciário, por meio de uma carta arbitral. Nesses casos, o juiz apenas praticará o solicitado, não julgará novamente a matéria.

A carta arbitral deverá atender, no que couber, aos mesmos requisitos das demais cartas no âmbito da cooperação do Poder Judiciário (art. 260, §3º, do CPC), sendo ainda necessário que seja encaminhada com a convenção de arbitragem e com provas da nomeação do árbitro e de sua aceitação da função (Câmara, 2015). Se houver confidencialidade estipulada na arbitragem, no cumprimento da carta arbitral, também será observado o segredo de justiça.

O árbitro tem pleno poder de decidir o conflito a ele submetido pelas partes, mas não tem poder coercitivo para fazer cumprir, à força, suas determinações. Assim, por exemplo, se uma obrigação pecuniária fixada em uma sentença arbitral não for cumprida voluntariamente, a constrição de bens terá de ser requerida ao Poder Judiciário pela parte interessada, e ali será realizada a penhora de um ou mais bens ou o bloqueio de valores em conta corrente.

A execução da sentença arbitral deve ser efetivada no Poder Judiciário caso o devedor não a cumpra voluntariamente, e se a obrigação for líquida (com quantia certa), é acrescido 10% de multa e 10% de honorários de advogado (art. 523, §1º, do CPC), como penalidade para incentivar o cumprimento das decisões. Quando há execução judicial, mesmo de sentença arbitral, o devedor pode se defender e o magistrado pode julgar as matérias de defesa que constam no CPC, art. 525, parágrafo 1º:

> Na impugnação [à execução], o executado poderá alegar:
> I – falta ou nulidade da citação se, na fase de conhecimento, o processo correu à revelia;
> II – ilegitimidade de parte;
> III – inexequibilidade do título ou inexigibilidade da obrigação;
> IV – penhora incorreta ou avaliação errônea;
> V – excesso de execução ou cumulação indevida de execuções;
> VI – incompetência absoluta ou relativa do juízo da execução;
> VII – qualquer causa modificativa ou extintiva da obrigação, como pagamento, novação, compensação, transação ou prescrição, desde que supervenientes à sentença. (Brasil, 2015a)

Dessa maneira, não se discutem novamente o débito e a decisão nesse momento. O fato de que a obrigação existe já está consolidado, decidido sem direito a recurso, no entanto, as matérias elencadas podem, sim, ser discutidas na execução. Apenas dois exemplos: se a sentença arbitral determina que João deve para Ricardo, mas é Mateus que ingressa no Judiciário para cobrar de João o débito, sem nada ter a ver com a causa, este pode alegar que Mateus é parte ilegítima (inciso II). Ou, ainda, se João deve para Ricardo R$ 40.000,00, mas Ricardo pede ao juiz que seja penhorado um imóvel de João no valor de R$ 600.000,00 para a satisfação da dívida, pode-se alegar que a execução é excessiva (inciso V) – e, nessa alegação, é importante que o devedor indique outro bem para a penhora – por exemplo, um veículo –, pois, se não houver nenhum outro bem ou dinheiro para satisfazer a dívida, poderá se mostrar correta a penhora da casa.

Podemos tratar agora das hipóteses da nulidade da sentença arbitral, isto é, quando ela não produzirá efeito.

A sentença arbitral pode ser declarada nula se contiver alguma falha dentre aquelas do art. 32 da Lei da Arbitragem. Falaremos das hipóteses em seus incisos.

Será nula a sentença se for nula a convenção de arbitragem (inciso I). Uma convenção de arbitragem, por sua vez, será nula se houve vício de consentimento em sua instituição (erro, dolo, coação) ou não cumprir algum requisito legal (como assinatura específica para a cláusula arbitral em contrato de adesão), como estudamos anteriormente.

É nula sentença arbitral se emanou de quem não podia ser árbitro (inciso II). Não pode ser árbitro a pessoa civilmente incapaz (menor de idade, por exemplo) ou que esteja impedida para julgar a causa por ter laço de parentesco com uma das partes.

Nula é a sentença se não tiver os requisitos do art. 26 (inciso III). Estudamos anteriormente os requisitos desse dispositivo, que são quatro. A ausência de qualquer deles é causa de nulidade da sentença.

Ainda, será nula a sentença proferida fora dos limites da convenção de arbitragem (inciso IV). Um modo comum de estabelecer a arbitragem é, em um contrato, dispor em uma cláusula que "Qualquer disputa oriunda do presente contrato ou com ele relacionada será resolvida por arbitragem", podendo ser complementada com mais informações, como a câmara arbitral ou o centro de arbitragem, número de árbitros e local. Ao ser escolhido para julgar uma causa, o árbitro é o juiz dela, e apenas dela, no limite do que ficou decidido na convenção de arbitragem. Se transborda desses limites, a sentença arbitral é nula.

A sentença será nula se tiver sido proferida por prevaricação, concussão ou corrupção passiva (inciso VI), ou seja, mediante a prática de um ou mais desses crimes. A previsão legal para eles encontra-se no Código Penal (Brasil, 1940, grifo do original):

> **Concussão**
> Art. 316. Exigir, para si ou para outrem, direta ou indiretamente, ainda que fora da função ou antes de assumi-la, mas em razão dela, vantagem indevida:
> Pena – reclusão, de dois a oito anos, e multa.
> **Corrupção passiva**
> Art. 317. Solicitar ou receber, para si ou para outrem, direta ou indiretamente, ainda que fora da função ou antes de assumi-la, mas em razão dela, vantagem indevida, ou aceitar promessa de tal vantagem:

> Pena – reclusão, de 2 (dois) a 12 (doze) anos, e multa.
> [...]
> **Prevaricação**
> Art. 319. Retardar ou deixar de praticar, indevidamente, ato de ofício, ou praticá-lo contra disposição expressa de lei, para satisfazer interesse ou sentimento pessoal:
> Pena – detenção, de três meses a um ano, e multa.

O inciso VII do art. 32 da Lei da Arbitragem prevê que é nula a sentença "proferida fora do prazo, respeitado o disposto no art. 12, inciso III, desta Lei". O prazo para proferir sentença é de seis meses, contados do início da arbitragem (com a aceitação do árbitro para o caso), ou outro prazo fixado entre as partes e o árbitro. Extrapolado esse prazo, diz o art. 12, inciso III, que a parte interessada deve notificar o árbitro ou o tribunal arbitral concedendo-lhe o prazo de dez dias para a prolação e a apresentação da sentença arbitral. Então, não sendo cumprido o prazo derradeiro, nula será eventual sentença posterior.

Por fim, a última das sete causas legais de nulidade da sentença arbitral é prevista no inciso VIII: é nula a sentença se forem desrespeitados os princípios de que trata o art. 21, parágrafo 2°, da Lei da Arbitragem. Os princípios mencionados são: "do contraditório, da igualdade das partes, da imparcialidade do árbitro e de seu livre convencimento" (Brasil, 1996). Assim, se uma parte não teve oportunidade de se manifestar em relação ao pronunciamento de outra (ferindo o contraditório), nula será a decisão.

A nulidade deve ser arguida perante o Poder Judiciário (art. 33, *caput*). Para que seja declarada a nulidade, há procedimento específico previsto na Lei da Arbitragem, que passamos a explanar.

Conforme o art. 33, parágrafo 1°, a demanda para declarar nula a sentença arbitral seguirá as regras do procedimento civil comum e tem um prazo decadencial a partir do qual não será mais possível fazê-lo: a parte interessada na declaração de nulidade deverá propor ação judicial no prazo de até 90 dias após o recebimento da notificação da respectiva sentença ou da decisão do pedido de esclarecimentos sobre a sentença.

Quanto aos efeitos da declaração de nulidade: a arbitragem é autônoma diante do Poder Judiciário, que deve respeitar essa autonomia. Por isso, ao declarar nula a arbitragem, não é o magistrado que vai decidir a causa: o Poder Judiciário se limitará a determinar que o árbitro ou tribunal arbitral profira nova sentença arbitral (art. 33, §2º).

E a sentença da arbitragem proferida no exterior – seja por um contrato de negociação internacional, seja porque uma das partes residia fora, ou por qualquer outro motivo –, como se aplica no Brasil?

Para ser reconhecida e executada no Brasil, a sentença arbitral estrangeira deve ser homologada. A competência para homologar a sentença é do Superior Tribunal de Justiça e é necessário que ela seja acompanhada de tradução oficial (por tradutor juramentado). Vejamos todos os requisitos para a homologação de uma sentença arbitral estrangeira, conforme a Lei da Arbitragem:

> Art. 37. A homologação de sentença arbitral estrangeira será requerida pela parte interessada, devendo a petição inicial conter as indicações da lei processual, conforme o art. 282 do Código de Processo Civil [art. 319 do atual CPC], e ser instruída, necessariamente, com:
> I – o original da sentença arbitral ou uma cópia devidamente certificada, autenticada pelo consulado brasileiro e acompanhada de tradução oficial;
> II – o original da convenção de arbitragem ou cópia devidamente certificada, acompanhada de tradução oficial.

> Art. 38. Somente poderá ser negada a homologação para o reconhecimento ou execução de sentença arbitral estrangeira, quando o réu demonstrar que:
> I – as partes na convenção de arbitragem eram incapazes;
> II – a convenção de arbitragem não era válida segundo a lei à qual as partes a submeteram, ou, na falta de indicação, em virtude da lei do país onde a sentença arbitral foi proferida;
> III – não foi notificado da designação do árbitro ou do procedimento de arbitragem, ou tenha sido violado o princípio do contraditório, impossibilitando a ampla defesa;
> IV – a sentença arbitral foi proferida fora dos limites da convenção de arbitragem, e não foi possível separar a parte excedente daquela submetida à arbitragem;
> V – a instituição da arbitragem não está de acordo com o compromisso arbitral ou cláusula compromissória;
> VI – a sentença arbitral não se tenha, ainda, tornado obrigatória para as partes, tenha sido anulada, ou, ainda, tenha sido suspensa por órgão judicial do país onde a sentença arbitral for prolatada.
> Art. 39. A homologação para o reconhecimento ou a execução da sentença arbitral estrangeira também será denegada se o Superior Tribunal de Justiça constatar que:
> I – segundo a lei brasileira, o objeto do litígio não é suscetível de ser resolvido por arbitragem;
> II – a decisão ofende a ordem pública nacional. (Brasil, 1996)

Se a sentença arbitral cumprir todos os requisitos positivos do art. 37, e não contiver nenhum dos impedimentos dos arts. 38 e 39, ela será homologada. O Superior Tribunal de Justiça não faz análise do mérito da decisão, não discute se está acertada segundo seu entendimento ou se merece reforma. A análise é formal, não material, até para privilegiar a autonomia das partes ao decidir por esse meio de solução de conflitos; mesmo porque, se a arbitragem não fosse respeitada como é, em todo o mundo, haveria insegurança jurídica.

Internacionalmente, a arbitragem é muito bem-vista, por transitar facilmente, sem sobressaltos de entendimento, nos diversos ordenamentos jurídicos, e por proporcionar sigilo e celeridade. Hipoteticamente, pense em um país ditatorial que imponha restrições à execução de sentenças arbitrais. Em um caso de arbitragem internacional, se grandes empresas de diferentes países não tivessem garantia de que a sentença arbitral poderia ser executada no país de alguma delas, seria menos provável que negociassem entre si, aderindo a uma convenção de arbitragem.

3.6 Ética na arbitragem

A arbitragem pauta-se por valores éticos, regulamentados pela lei de forma geral, em especial pelas normas gerais do CPC, que se aplica subsidiariamente aos procedimentos arbitrais. Há, também, o Código de Ética do Conselho Nacional das Instituições de Mediação e Arbitragem (Conima), entidade que tem como objetivo principal congregar e representar as entidades de mediação e arbitragem. A seguir, apresentamos o Código de Ética para Árbitros do Conselho Nacional das Instituições de Mediação e Arbitragem.

> **INTRODUÇÃO**
> (nos termos aprovados pelo Conima – Conselho Nacional das Instituições de Mediação e Arbitragem)
> Este Código de Ética se aplica à conduta de todos os árbitros quer nomeados por órgãos institucionais ou partícipes de procedimentos "ad hoc".

I – AUTONOMIA DA VONTADE DAS PARTES

O árbitro deve reconhecer que a arbitragem fundamenta-se na autonomia da vontade das partes, devendo centrar sua atuação nesta premissa.

Notas Explicativas

O princípio da autonomia da vontade é o principal sustentáculo do instituto da arbitragem. É consagrado desde a liberdade das partes em transacionar direitos patrimoniais disponíveis em um negócio, a livre escolha de optar pela arbitragem para solucionar suas controvérsias, com a inclusão da cláusula compromissória no contrato celebrado, passando pelo estabelecimento de regras quanto ao procedimento arbitral, até a fixação de prazo para prolatar a sentença arbitral.

Esse princípio, em nenhum momento, deverá ser relegado a segundo plano pelo árbitro no desempenho de suas funções, posto ser sua investidura delegada pelas partes e delimitada, por elas próprias, em aspectos relativos a seus interesses no âmbito da controvérsia.

II – PRINCÍPIOS FUNDAMENTAIS

No desempenho de sua função, o árbitro deverá proceder com imparcialidade, independência, competência, diligência e confidencialidade, bem como exigir que esses princípios sejam rigidamente observados pela instituição em que for escolhido, visando proporcionar aos demandantes uma decisão justa e eficaz da controvérsia.

Nota Explicativa

A investidura do árbitro é derivada da confiança a ele depositada pelas partes ou pela instituição que o escolher, desde o início, com sua nomeação, durante todo o decorrer do procedimento, até seu final, com a elaboração da sentença. Essa confiança a ele delegada é imanente à decisão que será proferida, bem como à sua conduta quanto ao desenrolar de todo o procedimento arbitral, motivo pelo qual o árbitro deverá sempre ser imparcial, no sentido de evitar qualquer privilégio a uma das partes em detrimento da outra; independente, entendendo-se não estar vinculado a qualquer das partes envolvidas na controvérsia; competente, no sentido de conhecer profundamente os parâmetros ditados pelas partes para elaboração de sua decisão; e diligente, pressupondo-se que não poupará esforços para proceder da melhor maneira possível quanto à investigação dos fatos relacionados à controvérsia.

III – DO ÁRBITRO FRENTE A SUA NOMEAÇÃO

O árbitro aceitará o encargo se estiver convencido de que pode cumprir sua tarefa com competência, celeridade, imparcialidade e independência.

Notas Explicativas

O árbitro somente deverá aceitar sua nomeação quando possuir as qualificações necessárias e disponibilidade de tempo para satisfazer as expectativas razoáveis das partes;
O árbitro deverá revelar às partes, frente à sua nomeação, interesse ou relacionamento de qualquer natureza (negocial, profissional ou social) que possa ter ou que tenha tido com qualquer uma delas, e que possa afetar a sua imparcialidade e sua independência ou comprometer sua imagem decorrente daqueles fatores.

IV – DO ÁRBITRO FRENTE À ACEITAÇÃO DO ENCARGO

Uma vez aceita a nomeação, o árbitro se obrigará com as partes, devendo atender aos termos convencionados por ocasião de sua investidura.
Não deve o árbitro renunciar, salvo excepcionalmente, por motivo grave que o impossibilite para o exercício da função.

Notas Explicativas

Uma vez que o árbitro aceitou o encargo, se subentende que ele já avaliou o fato de que é imparcial, e que poderá atuar com independência, com celeridade, e com competência.

Também não se admite a renúncia do árbitro. Sua nomeação e aceitação do cargo vincula-o ao processo até o fim. Sua renúncia, poderá acarretar a finalização desse procedimento, e o começo de um novo, face a designação de um novo árbitro.

V – DO ÁRBITRO FRENTE ÀS PARTES

Deverá o árbitro frente às partes:

1. Utilizar a prudência e a veracidade, se abstendo de promessas e garantias a respeito dos resultados.
2. Evitar conduta ou aparência de conduta imprópria ou duvidosa.
3. Ater-se ao compromisso constante da convenção arbitral, bem como não possuir qualquer outro compromisso com a parte que o indicou.
4. Revelar qualquer interesse ou relacionamento que provavelmente afete a independência ou que possa criar uma aparência de parcialidade ou tendência.
5. Ser leal, bem como fiel ao relacionamento de confiança e confidencialidade inerentes ao seu ofício.

Notas Explicativas

O árbitro deverá atuar com suma prudência na sua relação com as partes. Seu relacionamento não deve gerar nenhum vestígio de dúvida quanto à sua imparcialidade e independência.

O árbitro é o juiz do procedimento arbitral, portanto, seu comportamento deverá ser necessariamente acorde com a posição que ele detém.

O fato de o árbitro ter sido nomeado por uma das partes, não significa que a ela esteja vinculado; ao contrário, deverá manter-se independente e imparcial frente a ambas.

Deverá manter comportamento probo e urbano para com as partes, dentro e fora do processo.

VI – DO ÁRBITRO FRENTE AOS DEMAIS ÁRBITROS

A conduta do árbitro em relação aos demais árbitros deverá:

1. Obedecer aos princípios de cordialidade e solidariedade;
2. Ser respeitoso nos atos e nas palavras;
3. Evitar fazer referências de qualquer modo desabonadoras a arbitragens que saiba estar ou ter estado a cargo de outro árbitro;
4. Preservar o processo e a pessoa dos árbitros, inclusive quando das eventuais substituições.

VII – DO ÁRBITRO FRENTE AO PROCESSO

O árbitro deverá:

1. Manter a integridade do processo;
2. Conduzir o procedimento com justiça e diligência;
3. Decidir com imparcialidade, independência e de acordo com sua livre convicção;
4. Guardar sigilo sobre os fatos e as circunstâncias que lhe forem expostas pelas partes antes, durante e depois de finalizado o procedimento arbitral;
5. Comportar-se com zelo, empenhando-se para que as partes se sintam amparadas e tenham a expectativa de um regular desenvolvimento do processo arbitral;
6. Incumbir-se da guarda dos documentos, quando a arbitragem for "ad hoc" e zelar para que essa atribuição seja bem realizada pela instituição que a desenvolve.

Notas Explicativas

Todos os deveres elencados neste item pressupõem uma conduta do árbitro de forma inatacável, no sentido de não ser objeto de qualquer crítica pelas partes ou por outras pessoas eventualmente interessadas na controvérsia. Daí ser imprescindível sua atribuição de manter a integridade do processo, conduzindo-o de forma escorreita, com extrema retidão em todas as suas ações e atitudes.

> **VIII – DO ÁRBITRO FRENTE A ÓRGÃO ARBITRAL INSTITUCIONAL OU ENTIDADE ESPECIALIZADA**
> Deverá o árbitro frente a órgão institucional ou entidade especializada:
> 1. Cooperar para a boa qualidade dos serviços prestados pela entidade especializada;
> 2. Manter os padrões de qualificação exigidos pela entidade;
> 3. Acatar as normas institucionais e éticas da arbitragem;
> 4. Submeter-se a este Código de Ética e ao Conselho da Instituição ou entidade especializada, comunicando qualquer violação à suas normas.

Fonte: Conima, 2017, grifo do original.

As câmaras arbitrais às quais os árbitros facultativamente estão vinculados podem ter normas próprias, criadas por tais entidades com ampla margem de liberdade para estabelecer seus procedimentos e seus deveres éticos.

Não podem funcionar como árbitros as pessoas que tenham, com as partes ou litígio que lhes for submetido, algumas das relações que caracterizam os casos de impedimento ou suspeição de juízes. São exigidos do árbitro, no que couber, os mesmos deveres e responsabilidades do juiz previstos no CPC, como preconiza o art. 14 da Lei da Arbitragem. As regras de impedimento e suspeição de juiz, aplicáveis também aos árbitros, estão nos arts. 144 e 145 do CPC.

Há impedimento do juiz e do árbitro, sendo-lhes vedado exercer suas funções no caso:

Art. 144. [...]

I – em que interveio como mandatário da parte, oficiou como perito, funcionou como membro do Ministério Público ou prestou depoimento como testemunha;

II – de que conheceu em outro grau de jurisdição, tendo proferido decisão;

III – quando nele estiver postulando, como defensor público, advogado ou membro do Ministério Público, seu cônjuge ou companheiro, ou qualquer parente, consanguíneo ou afim, em linha reta ou colateral, até o terceiro grau, inclusive;

IV – quando for parte no processo ele próprio, seu cônjuge ou companheiro, ou parente, consanguíneo ou afim, em linha reta ou colateral, até o terceiro grau, inclusive;

V – quando for sócio ou membro de direção ou de administração de pessoa jurídica parte no processo;

VI – quando for herdeiro presuntivo, donatário ou empregador de qualquer das partes;

VII – em que figure como parte instituição de ensino com a qual tenha relação de emprego ou decorrente de contrato de prestação de serviços;

VIII – em que figure como parte cliente do escritório de advocacia de seu cônjuge, companheiro ou parente, consanguíneo ou afim, em linha reta ou colateral, até o terceiro grau, inclusive, mesmo que patrocinado por advogado de outro escritório;

IX – quando promover ação contra a parte ou seu advogado. (Brasil, 2015a)

Há suspeição do juiz e do árbitro:

> Art. 145. [...]
> I – amigo íntimo ou inimigo de qualquer das partes ou de seus advogados;
> II – que receber presentes de pessoas que tiverem interesse na causa antes ou depois de iniciado o processo, que aconselhar alguma das partes acerca do objeto da causa ou que subministrar meios para atender às despesas do litígio;
> III – quando qualquer das partes for sua credora ou devedora, de seu cônjuge ou companheiro ou de parentes destes, em linha reta até o terceiro grau, inclusive;
> IV – interessado no julgamento do processo em favor de qualquer das partes. (Brasil, 2015a)

A diferença entre suspeição e impedimento é em relação à causa da impossibilidade de julgar: o impedimento é em hipóteses objetivas da lei; a suspeição é quando há uma razão subjetiva que prejudique o dever imparcial de julgar. Em ambos os casos, o próprio julgador deve declarar sua impossibilidade de julgar.

Em caso de suspeição, para proteger sua privacidade, o árbitro pode se declarar "suspeito por motivo de foro íntimo, sem necessidade de declarar suas razões" (art. 145, §1º, do CPC). Assim, se houver impedimento ou suspeição, o árbitro impedido ou suspeito não poderá julgar, devendo ser nomeado, desse modo, outro árbitro.

O mediador não poderá atuar como árbitro nem funcionar como testemunha em processos judiciais ou arbitrais pertinentes a conflito em que tenha atuado como mediador (art. 7º da Lei da Mediação). Em razão da confidencialidade, aquele que atuou como mediador não pode ser testemunha nem árbitro na causa, sob o risco de utilizar as informações confidenciais a que teve acesso.

Segundo a Lei da Arbitragem (Brasil, 1996):

> Art. 14. [...]
> §1º As pessoas indicadas para funcionar como árbitro têm o dever de revelar, antes da aceitação da função, qualquer fato que denote dúvida justificada quanto à sua imparcialidade e independência.
> §2º O árbitro somente poderá ser recusado por motivo ocorrido após sua nomeação. Poderá, entretanto, ser recusado por motivo anterior à sua nomeação, quando:
> a) não for nomeado, diretamente, pela parte; ou
> b) o motivo para a recusa do árbitro for conhecido posteriormente à sua nomeação.

Se o árbitro não se manifestar primeiro sobre a impossibilidade de ser árbitro do caso, "A parte que pretender arguir questões relativas à competência, suspeição ou impedimento do árbitro ou dos árbitros, bem como nulidade, invalidade ou ineficácia da convenção de arbitragem, deverá fazê-lo na primeira oportunidade que tiver de se manifestar, após a instituição da arbitragem" (art. 20). O modo de arguir a recusa do árbitro é por uma petição fundamentada com razões e acompanhada de provas, nomeada de *exceção*. A exceção é apresentada diretamente ao árbitro ou ao tribunal arbitral (art. 15). Acolhida a exceção, isto é, aceitos os argumentos de recusa, o árbitro será substituído (art. 15, parágrafo único); se rejeitada, prossegue normalmente a arbitragem, sem prejuízo de que seja invocado o argumento posteriormente em arguição de nulidade perante o Poder Judiciário por impedimento ou suspeição do árbitro (art. 20, §2º).

Para saber mais

ICDR – International Centre for Dispute Resolution. **Guia para redação de cláusulas de resolução de disputas internacionais**. Disponível em: <https://www.adr.org/sites/default/files/document_repository/ICDR%20Guide%20to%20Drafting%20International%20Dispute%20Resolution%20Clauses%20-%20Portuguese.pdf>. Acesso em: 14 nov. 2017.

O guia do ICDR traz exemplos de cláusulas arbitrais e explica o conteúdo que elas devem conter. Traz exemplos, ainda, de cláusulas "escalonadas" de resolução de disputas, demonstrando que a arbitragem pode estar sozinha, mas também vir como um complemento – se necessário – à negociação direta, à conciliação e à mediação.

Síntese

A arbitragem, embora muito se aproxime de um processo judicial (por submeter o conflito a uma decisão por terceiro), é também um meio alternativo de solução de conflitos, pois não reclama prestação jurisdicional do Estado.

Embora o árbitro tenha o poder de julgar quando as partes lhe outorgam tal poder, a arbitragem não integra o Poder Judiciário. Instituições de arbitragem são órgãos privados e não devem dar a entender de modo diferente. Conforme a Constituição (Brasil, 1988), "São símbolos da República Federativa do Brasil a bandeira, o hino, as armas e o selo nacionais" (art. 13, §1º). Portanto, órgãos privados, como câmaras de arbitragem, não devem utilizar o brasão da república, a bandeira nacional ou símbolos do Poder Judiciário, nem mesmo a balança, pois são marcas oficiais e dariam a falsa impressão de serem órgãos públicos.

A arbitragem revela-se, positivamente, mais célere do que o processo judicial, porém, há o viés negativo de ser mais onerosa aos interessados. A celeridade se dá tanto porque os prazos previstos são rigorosamente cumpridos quanto pela ausência de recursos a respeito da decisão final de mérito.

São as próprias partes que arcam com os custos da arbitragem, devendo esse pagamento satisfazer tudo que for necessário para realmente sustentar o processo arbitral (a estrutura funcional, o árbitro e a câmara de arbitragem, se for o caso, com secretários, sistema de gerenciamento etc.). O processo judicial, embora com custas a serem pagas, tem-nas tabeladas de um modo que, sozinhas, não seriam capazes de manter todo o gasto do Estado com o Poder Judiciário, por isso é menos custoso do que o processo arbitral.

A arbitragem é um procedimento apartado do Poder Judiciário e tem reconhecida legalmente sua independência em relação a este. Quando, por convenção das partes, um conflito deve ser resolvido pela arbitragem, o Poder Judiciário não intervém, salvo hipóteses específicas, como na tutela de urgência.

Questões para revisão

1) Sabemos que a arbitragem é uma modalidade extrajudicial de resolução de conflito, em que um árbitro, terceiro escolhido pelas partes, decide uma lide. Sobre a arbitragem, podemos afirmar:
   a. Quaisquer pessoas podem optar pela arbitragem, independentemente da capacidade civil.
   b. A lide levada à arbitragem só pode tratar de direitos patrimoniais indisponíveis.

c. A arbitragem poderá ser realizada por equidade, ser de direito, ou ambas.
d. Decidir por equidade significa decidir estritamente de acordo com as leis.
e. A arbitragem que envolva a Administração Pública será sempre por equidade.

2) A arbitragem é um instituto que vem crescendo no país, principalmente após a Lei da Arbitragem, de 1996. Lembremos o que é arbitragem:

> *Caracterizada pela informalidade, a arbitragem é um método alternativo ao poder judiciário que oferece decisões ágeis e técnicas para a solução de controvérsias. Só pode ser usada por acordo espontâneo das pessoas envolvidas no conflito, que automaticamente abrem mão de discutir o assunto na Justiça. A escolha da arbitragem pode ser prevista em contrato (ou seja, antes de ocorrer o litígio) ou realizada por acordo posterior ao surgimento da discussão.* (CMABq, 2017)

Para que ocorra a arbitragem, é preciso que haja um ou mais árbitros. Pode ser árbitro:
a. qualquer pessoa capaz e que tenha a confiança das partes.
b. somente juízes de direito concursados em tempo parcial.
c. somente juízes leigos, juízes togados, desembargadores e ministros dos tribunais superiores.
d. somente bacharéis em direito com aprovação no exame da Ordem dos Advogados do Brasil.
e. qualquer bacharel em direito, somente.

3) A decisão das partes de resolver um litígio por meio da arbitragem afasta a competência do Poder Judiciário, que não pode se imiscuir na questão sobre a qual pesa uma convenção arbitral. No entanto, se a convenção de arbitragem for declarada nula, o Poder Judiciário poderá julgar a causa. Analise os casos a seguir:

I. Pablo e Karina alugaram uma casa em São Paulo, capital, e convencionaram com o locador que eventual conflito seria resolvido por arbitragem.

II. Marco Aurélio se envolveu em uma briga com Antônio pelo não pagamento de determinada dívida. Preferindo que o caso fosse para a arbitragem, pelo sigilo e pela celeridade, pediu a Antônio que fizessem um compromisso arbitral, o que de pronto foi aceito, uma vez que ouviu injustas ameaças sobre o que aconteceria se não concordasse.

III. Para sua residência, Maria contratou um plano de telefonia fixa de uma empresa de médio porte. O contrato de adesão ao plano continha uma cláusula arbitral, que não estava em destaque nem foi assinada separadamente.

IV. Genoveva abriu uma empresa de fabricação e distribuição de pães caseiros. Na parceria feita com diversas empresas e panificadoras que venderiam seu produto, negociou a inclusão de convenção de arbitragem nos contratos.

Assinale as situações em que a cláusula arbitral poderá ser declarada nula:

a. I e II.
b. II.
c. II e III.
d. III e IV.
e. II e IV.

4) Ao decidirem pela solução arbitral, as partes podem dar ao árbitro o poder para decidir por equidade, todavia, não há essa possibilidade quando o Estado está envolvido. Por que, quando uma das partes é a Administração Pública, a arbitragem não poderá ser por equidade?

5) Os juízes de direito, integrantes da carreira do Poder Judiciário, têm prazos estabelecidos em lei para proferir a sentença. Caso não os cumpram, não há uma sanção direta, porque não há previsão legal. Os árbitros também têm prazo para proferir a decisão final, chamada *sentença arbitral*. Qual a consequência de não fazê-lo tempestivamente?

Questões para reflexão

1) A Constituição diz, em seu art. 5º, inciso XXXV que "a lei não excluirá da apreciação do Poder Judiciário lesão ou ameaça a direito". O fato de não ser permitido ao Poder Judiciário julgar uma demanda quando existe uma convenção de arbitragem para o conflito é inconstitucional?

2) Um conflito trabalhista pode ser submetido à resolução por arbitragem? Procure ler sobre o tema e redigir um pequeno texto que sintetize o que se diz sobre isso. Finalize com uma conclusão própria.

Estudo de caso
Litígio imobiliário

Adamásio, um argentino, locou um imóvel para fixar residência no Brasil, no estado de Santa Catarina. Aproveitou e ali também utilizou como seu escritório, no seu trabalho de intermediar a negociação de jogadores entre times de futebol. O aluguel era de R$ 8.000,00 mensais.

Adamásio tentou alugar direto com o proprietário, para que fosse mais barato e, principalmente, porque imaginava que, caso ficasse inadimplente, teria menos problemas sem o envolvimento de toda a estrutura e experiência de uma imobiliária. O proprietário não aceitou, portanto o aluguel foi feito por meio de uma imobiliária.

Como Adamásio já esperava, ficou sem dinheiro – seu negócio nunca foi próspero – e começou a atrasar os aluguéis. Ele não lembrou que o contrato de aluguel previa que qualquer disputa oriunda do contrato ou a ele relacionada seria resolvida pela arbitragem. Em dois meses, recebeu uma intimação para resolver a questão em uma câmara arbitral. O procedimento tramitou rapidamente e, em pouco tempo, foi condenado a deixar o imóvel e a pagar as prestações atrasadas, incluindo os custos com a arbitragem.

A imobiliária poderia ter recorrido à arbitragem para resolver o conflito? Ou a cláusula de arbitragem não é válida?

Resolução:
A escolha da arbitragem exige que as partes estejam de acordo quanto a esse modo de resolução de conflitos. Assim, não se aceita a imposição da arbitragem por uma das partes. Quando falamos de contrato de adesão, isto é, aquele modelo que não aceita negociação (por exemplo, fornecimento de televisão a cabo ou serviço de telefonia), a escolha da arbitragem, como se viu, "só terá eficácia se o aderente tomar a iniciativa de instituir a arbitragem ou concordar, expressamente, com a sua instituição, desde que por escrito em documento anexo ou em negrito, com a assinatura ou visto especialmente para essa cláusula." (art. 4º, parágrafo 2º da Lei da Arbitragem).

Em um contrato de aluguel, pressupõe-se a capacidade das partes e a capacidade de negociar; embora se trate de um contrato elaborado pela imobiliária, ele não costuma ser absolutamente engessado, permitindo a negociação das partes. Assim, é aceita a cláusula arbitral em contrato de aluguel, devendo-se, por cautela, tratá-la como se fosse contrato de adesão, com os cuidados acima trazidos.

É claro que, caso seja necessário o uso da força (por exemplo, em um despejo, se não houver o cumprimento voluntário da sentença arbitral), deverá ser invocado o Poder Judiciário.

Com base no que assimilou no decorrer desta obra, você deve ser capaz de compreender os conflitos com uma profundidade maior do que quando iniciou seus estudos. Não pretendemos aqui esgotar todo o tema, mas sim dar a conhecer a mediação e a arbitragem em seus princípios e suas aplicações basilares. Você pode revisitar a negociação, a mediação e a arbitragem em outras fontes, entre elas, aquelas citadas nas referências.

No primeiro capítulo, estudamos os conflitos e diversos modos pelos quais ele pode ser encarado, entre eles um mais recomendado: a negociação. Já no segundo capítulo, estudamos um dos meios pelos quais a negociação pode se efetivar, a mediação, muito útil pela participação de um terceiro capacitado a atuar como intermediário na aproximação das partes e na obtenção, se possível, de um acordo. No terceiro capítulo, apresentamos a arbitragem, como uma alternativa ao Poder Judiciário, com seus prós e contras.

Esperamos que os tópicos abordados em cada capítulo possam ser de proveito em sua vida pessoal e profissional. Aquilo que tratamos a respeito de negociação pode embasar novas formas de perceber o que se procura efetivamente obter em um conflito. Por exemplo,

para concluir...

prever a melhor alternativa à negociação de um acordo torna muito mais fácil saber o que negociar.

Ao abordarmos a arbitragem, munimos você de maior conhecimento sobre um novo rumo e novas possibilidades para pensar na solução de controvérsias. Como a mediação é essencialmente uma facilitadora da comunicação, suas técnicas podem ser aplicadas sem que haja um procedimento formal de mediação, ou seja, também informalmente, para pacificar conflitos das mais diversas espécies.

Procure não só memorizar, mas praticar seus conhecimentos, utilizando os meios mais adequados para alcançar os fins pretendidos. Caso atue em alguma das áreas estudadas, escolha palavras moderadas, abra mão do orgulho e transforme conflitos baseados em posição em conflitos baseados em interesse.

Para finalizar, apresentamos dois fluxogramas: um sobre os métodos alternativos de solução de conflitos, outro sobre o comportamento do mediador.

Fluxograma A – Passos para tentar a solução de conflitos por métodos alternativos, privilegiando a autocomposição

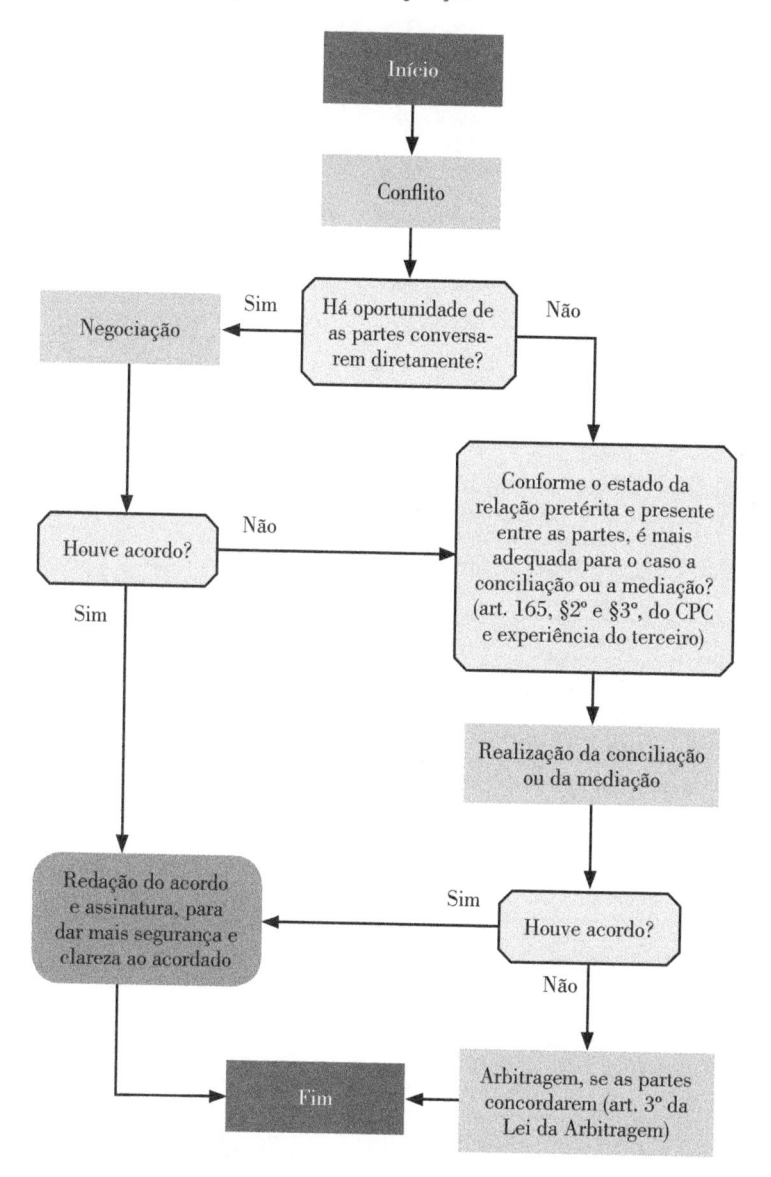

```
                    ┌─────────┐
                    │ Início  │
                    └────┬────┘
                         ▼
                    ┌─────────┐
                    │ Conflito│
                    └────┬────┘
                         ▼
   ┌──────────┐  Sim  ╱─────────────╲  Não
   │Negociação│◀──────│Há oportunidade│──────┐
   └────┬─────┘       │de as partes   │      │
        │             │conversarem    │      │
        │             │diretamente?   │      │
        │              ╲─────────────╱       │
        ▼                                    ▼
   ╱─────────╲  Não   ┌──────────────────────────┐
   │Houve    │───────▶│Conforme o estado da       │
   │acordo?  │        │relação pretérita e presente│
   ╲────┬────╱        │entre as partes, é mais    │
        │Sim          │adequada para o caso a     │
        │             │conciliação ou a mediação? │
        │             │(art. 165, §2º e §3º, do CPC│
        │             │e experiência do terceiro) │
        │             └────────────┬──────────────┘
        │                          ▼
        │             ┌──────────────────────────┐
        │             │Realização da conciliação │
        │             │ou da mediação            │
        │             └────────────┬─────────────┘
        ▼                          ▼
  ┌──────────────┐   Sim    ╱─────────────╲
  │Redação do    │◀─────────│Houve acordo?│
  │acordo e      │          ╲──────┬──────╱
  │assinatura,   │                 │Não
  │para dar mais │                 ▼
  │segurança e   │         ┌──────────────────┐
  │clareza ao    │         │Arbitragem, se as │
  │acordado      │         │partes concordarem│
  └──────┬───────┘         │(art. 3º da Lei   │
         │                 │da Arbitragem)    │
         │                 └────────┬─────────┘
         ▼      ┌─────┐             │
         └────▶│ Fim │◀─────────────┘
                └─────┘
```

Fluxograma B – Comportamento do mediador na solução de um conflito, seja na mediação judicial, seja na mediação extrajudicial

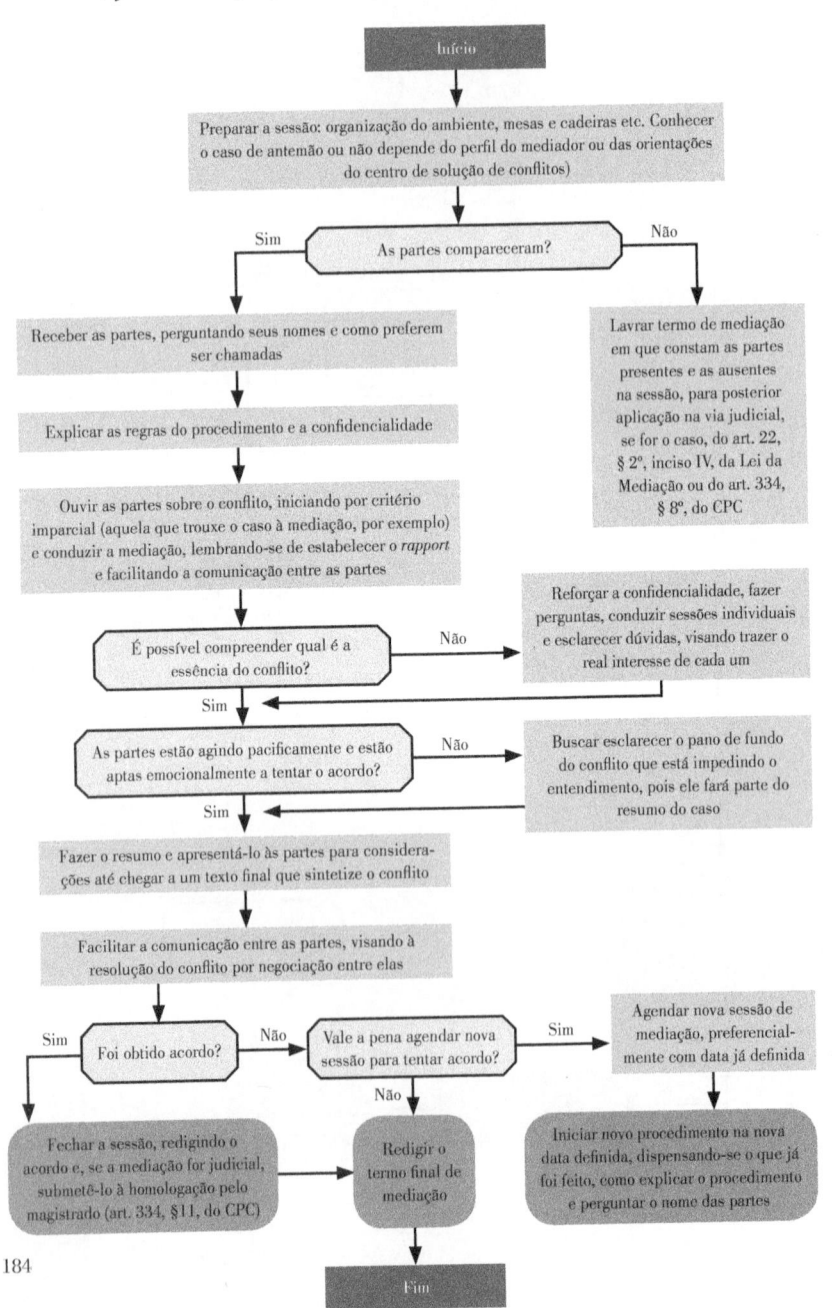

Início

Preparar a sessão: organização do ambiente, mesas e cadeiras etc. Conhecer o caso de antemão ou não depende do perfil do mediador ou das orientações do centro de solução de conflitos)

As partes compareceram?

- **Sim:**
  - Receber as partes, perguntando seus nomes e como preferem ser chamadas
  - Explicar as regras do procedimento e a confidencialidade
  - Ouvir as partes sobre o conflito, iniciando por critério imparcial (aquela que trouxe o caso à mediação, por exemplo) e conduzir a mediação, lembrando-se de estabelecer o *rapport* e facilitando a comunicação entre as partes

- **Não:** Lavrar termo de mediação em que constam as partes presentes e as ausentes na sessão, para posterior aplicação na via judicial, se for o caso, do art. 22, § 2º, inciso IV, da Lei da Mediação ou do art. 334, § 8º, do CPC

É possível compreender qual é a essência do conflito?
- Não → Reforçar a confidencialidade, fazer perguntas, conduzir sessões individuais e esclarecer dúvidas, visando trazer o real interesse de cada um
- Sim ↓

As partes estão agindo pacificamente e estão aptas emocionalmente a tentar o acordo?
- Não → Buscar esclarecer o pano de fundo do conflito que está impedindo o entendimento, pois ele fará parte do resumo do caso
- Sim ↓

Fazer o resumo e apresentá-lo às partes para considerações até chegar a um texto final que sintetize o conflito

Facilitar a comunicação entre as partes, visando à resolução do conflito por negociação entre elas

Foi obtido acordo?
- **Sim:** Fechar a sessão, redigindo o acordo e, se a mediação for judicial, submetê-lo à homologação pelo magistrado (art. 334, §11, do CPC)
- **Não:** **Vale a pena agendar nova sessão para tentar acordo?**
  - **Não:** Redigir o termo final de mediação
  - **Sim:** Agendar nova sessão de mediação, preferencialmente com data já definida → Iniciar novo procedimento na nova data definida, dispensando-se o que já foi feito, como explicar o procedimento e perguntar o nome das partes

Fim

ABDCONST – Academia Brasileira de Direito Constitucional. *A cláusula compromissória*. Disponível em: <http://www.abdconst.com.br/especializacao/709.doc>. Acesso em: 13 set. 2017.

A IMPORTÂNCIA do ganha-ganha na negociação. *PlaceNET*. Disponível em: <http://www.placenet.com.br/Pages/GanhaGanha.aspx>. Acesso em: 21 nov. 2017.

AMCHAM BRASIL. *Modelo de Cláusula de Arbitragem e Modelo de Cláusula de Mediação*. Disponível em: <http://www.josemigueljudice-arbitration.com/xms/files/02_TEXTOS_ARBITRAGEM/02_Regras_Arbitrais/Amcham_modelos_clausulas_2014_pt.pdf>. Acesso em: 22 nov. 2017.

AZEVEDO, A. G. de. (Org.). *Manual de mediação judicial*. 5. ed. Brasília: CNJ, 2015.

_____. _____. 6. ed. Brasília: CNJ, 2016.

BACELLAR, R. P. *Administração judiciária*: com justiça. Curitiba: InterSaberes, 2016.

_____. *Mediação e arbitragem*. São Paulo: Saraiva, 2012.

BASTOS, S. de A. R. Panorama da autocomposição no Brasil. In: OLIVEIRA, I. L. G. de. (Org.). *Resolução de conflitos para representantes de empresa*. Brasília: Fundação Universidade de Brasília, 2014. p. 9-36.

BATISTA, V. Justiça do Trabalho homologa primeiro acordo extrajudicial firmado por câmara privada de mediação. *Correio Braziliense*, Blog do Servidor, 5 jul. 2017. Disponível em: <http://blogs.correiobraziliense.com.br/servidor/justica-do-trabalho-homologa-primeiro-acordo-extrajudicial-firmado-por-camara-privada-de-mediacao/>. Acesso em: 13 set. 2017.

BÍBLIA (Antigo Testamento). I Reis. Português. *Bíblia Sagrada*. Nova versão internacional. São Paulo: Vida, 2007, cap. 3, vers. 16-27.

BRANDÃO, A.; SPINOLA, A. T.; DUZERT, Y. *Negociação*. 3. ed. Rio de Janeiro: FGV, 2010.

BRASIL. Constituição (1988). *Diário Oficial da União*, Brasília, DF, 5 out. 1988. Disponível *em:* <http://www.planalto.gov.br/ccivil_03/constituicao/constituicaocompilado.htm>. Acesso em: 20 out. 2017.

_____. Decreto-Lei n. 2.848, de 7 de dezembro de 1940. *Diário Oficial da União*, Poder Legislativo, Rio de Janeiro, 31 dez. 1940. Disponível em: <http://www.planalto.gov.br/ccivil_03/decreto-lei/Del2848compilado.htm>. Acesso em: 9 nov. 2017.

_____. Decreto-Lei n. 3.689, de 3 de outubro de 1941. *Diário Oficial da União*, Poder Legislativo, Rio de Janeiro, 13 out. 1941. Disponível em: <http://www.planalto.gov.br/ccivil_03/decreto-lei/Del3689Compilado.htm >. Acesso em: 21 nov. 2017.

_____. Lei n. 9.099, de 26 de setembro de 1995. *Diário Oficial da União*, Poder Legislativo, Brasília, DF, 27 set. 1995. Disponível em: <http://www.planalto.gov.br/ccivil_03/leis/L9099.htm>. Acesso em: 13 nov. 2017.

_____. Lei n. 9.307, de 23 de setembro de 1996. *Diário Oficial da União*, Poder Legislativo, Brasília, DF, 24 set. 1996. Disponível em: <http://www.planalto.gov.br/ccivil_03/_Ato2015-2018/2015/Lei/L13105.htm>. Acesso em: 14 nov. 2017.

_____. Lei n. 10.406, de 10 de janeiro de 2002. *Diário Oficial da União*, Poder Legislativo, Brasília, DF, 11 jan. 2002. Disponível em: <http://www.planalto.gov.br/ccivil_03/leis/2002/L10406.htm>. Acesso em: 14 nov. 2017.

BRASIL. Lei n. 13.105, de 16 de março de 2015. *Diário Oficial da União*, Poder Legislativo, Brasília, DF, 17 mar. 2015a. Disponível em: <http://www.planalto.gov.br/ccivil_03/_Ato2015-2018/2015/Lei/L13105.htm>. Acesso em: 9 nov. 2017.

_____. Lei n. 13.140, de 26 de junho de 2015. *Diário Oficial da União*, Poder Legislativo, Brasília, DF, 29 jun. 2015b. Disponível em: <http://www.planalto.gov.br/ccivil_03/_ato2015-2018/2015/Lei/L13140.htm>. Acesso em: 9 nov. 2017.

BRASIL. Lei n. 13.467, de 13 de julho de 2017. *Diário Oficial da União*, Poder Legislativo, Brasília, DF, 14 jul. 2017. Disponível em: <http://www2.camara.leg.br/legin/fed/lei/2017/lei-13467-13-julho-2017-785204-publicacaooriginal-153369-pl.html>. Acesso em: 9 nov. 2017.

BRASIL. Comissão de Trabalho, de Administração e Serviço Público. Projeto de Lei n. 6.912, de 2010. Acrescenta o parágrafo único ao art. 31 da Lei n. 9.307, de 23 de setembro de 1996 – Lei de Arbitragem. Disponível em: <http://www.camara.gov.br/proposicoesWeb/prop_mostrarintegra?codteor=828185&filename=PRL+1+CTASP+%3D%3E+PL+6912/2010>. Acesso em: 21 nov. 2017.

BRASIL. Poder Judiciário. Tribunal de Justiça do Distrito Federal e dos Territórios. *Princípios e garantias da conciliação e da mediação judiciais*. Disponível em: <http://www.tjdft.jus.br/institucional/2a-vice-presidencia/nupemec/mediacao-e-conciliacao/o-que-e-mediacao-e-conciliacao>. Acesso em: 26 set. 2016.

CALIPO, T. *Negociar é preciso?* 13 dez. 2009. Disponível em: <https://tiagocalipo.wordpress.com/2009/12/13/negociar-e-preciso/>. Acesso em: 10 nov. 2017.

CÂMARA, A. F. *O novo processo civil brasileiro*. São Paulo: Atlas, 2015.

CARMONA, C. A. *Arbitragem e processo*: um comentário à Lei n. 9.307/96. São Paulo: Malheiros, 1998.

CASTRO, D. P. O princípio da boa-fé no Código Civil em vigor. *Migalhas*, 31 ago. 2004. Disponível em: <http://www.migalhas.com.br/dePeso/16,MI6660,11049-O+principio+da+boafe+no+Codigo+Civil+em+vigor>. Acesso em: 13 set. 2017.

CEAP – Centro de Ensino Superior do Amapá. *Arbitragem*: uma alternativa na solução de litígios. Disponível em: <http://www.ceap.br/material/MAT05112010195900.doc>. Acesso em: 14 nov. 2017.

CMABq – Câmara de Mediação e Arbitragem de Brusque. *O que é arbitragem?* Disponível em: <http://www.arbitragembrusque.com.br/archives/323>. Acesso em: 13 set. 2017.

CNJ – Conselho Nacional de Justiça. *Justiça treina religiosos para a mediação de conflitos*. 29 jun. 2017. Disponível em: <http://www.cnj.jus.br/noticias/cnj/85016-justica-treina-religiosos-para-a-mediacao-de-conflitos>. Acesso em: 14 nov. 2017.

CONIMA – Conselho Nacional das Instituições de Mediação e Arbitragem. *Código de Ética para Árbitros*. Disponível em: <http://www.conima.org.br/codigo_etica_arb>. Acesso em: 14 nov. 2017.

DAMIANO, H. Formas extrajudiciais de solução dos conflitos individuais do trabalho. *Revista do Tribunal Regional do Trabalho da 15ª Região*, Campinas, n. 21, p. 127-164, jul./dez. 2002.

DWECK, C. S.; EHRLINGER, J. Implicit Theories and Conflict Resolution. In: DEUTSCH, M.; COLEMAN, P. T.; MARCUS, E. C. (Ed.). *The Handbook of Conflict Resolution*: Theory and Practice. 2. ed. San Francisco: Jossey-Bass, 2006. p. 317-330.

FISCHER, R.; URY, W.; PATTON, B. *Como chegar ao sim*. 2. ed. Rio de Janeiro: Imago, 2005.

FRYDENBERG, E. *Morton Deutsch*: a Life and Legacy of Mediation and Conflict Resolution. Brisbane: Australian Academic Press, 2005.

FUZETTI, B. L. de O. Arbitragem: convenção arbitral – cláusula compromissória × compromisso arbitral. *Conteúdo Jurídico*, Brasília, 8 dez. 2014. Disponível em: <http://www.conteudojuridico.com.br/artigo,arbitragem-convencao-arbitral-clausula-compromissoria-x-compromisso-arbitral,51210.html>. Acesso em: 14 nov. 2017.

GOLEMAN, D. *Inteligência social*: o poder das relações humanas. São Paulo: Campus, 2006.

GONÇALVES, C. R. *Direito civil I esquematizado*: parte geral, obrigações, contratos. 2. ed. São Paulo: Saraiva, 2012.

GUILHERME, L. F. do V. de A. *Manual dos MESCs*: meios extrajudiciais de solução de conflitos. Barueri: Manole, 2016.

HOMRICH, S. *Criando valor em negociações de business*. 11 abr. 2014. Disponível em: <http://soniahomrich.blogspot.com.br/2014/04/criando-valor-em-negociacoes-de-business.html?view=timeslide>. Acesso em: 10 nov. 2017.

IAMIN, G. P. *Negociação*: conceitos fundamentais e negócios internacionais. Curitiba: InterSaberes, 2016.

ICDR – International Centre for Dispute Resolution. *Guia para redação de cláusulas de resolução de disputas internacionais*. Disponível em: <https://www.adr.org/sites/default/files/document_repository/ICDR%20Guide%20to%20Drafting%20International%20Dispute%20Resolution%20Clauses%20-%20Portuguese.pdf>. Acesso em: 14 nov. 2017.

JUÍZES usam técnica da Constelação para resolver conflitos nos tribunais. Fantástico, 14 maio 2017. Disponível em: <http://g1.globo.com/fantastico/noticia/2017/05/juizes-usam-tecnica-da-constelacao-para-resolver-conflitos-nos-tribunais.html>. Acesso em: 14 nov. 2017.

LAMBERT, J.; MYERS, S. *50 Activities for Conflict Resolution*: Group Learning and self Development Exercises. Amherst: Human Resource Development, 1999.

LAZZARI, J. B. *Técnicas de conciliação*. Disponível em: <http://slideplayer.com.br/slide/50139/>. Acesso em: 14 nov. 2017.

LEUTSINGER, F. *Negociação empresarial*. 16 set. 2013. Disponível em: <http://www.administradores.com.br/artigos/academico/negociacao-empresarial/73032>. Acesso em: 13 nov. 2017.

LIMA, B. S. de. *A arbitrabilidade do dano ambiental e o seu ressarcimento*. Dissertação (Mestrado em Direito) – Universidade Federal da Bahia, Salvador, 2009. Disponível em: <https://repositorio.ufba.br/ri/bitstream/ri/10789/1/Bernardo.pdf>. Acesso em: 13 nov. 2017.

LIMA NETO, D. *Antes da negociação*. Curso de Administração, aula 5. Slides. Disponível em: <https://pt.scribd.com/doc/27544851/Aula5-Antes-da-Negociacao>. Acesso em: 10 nov. 2017.

MACIEL, J. A. C. Arbitragem na relação de emprego e na relação de trabalho. *Migalhas*, 22 ago. 2016. Disponível em: <http://www.migalhas.com.br/dePeso/16,MI244276,81042-Arbitragem+na+relacao+de+emprego+e+na+relacao+de+trabalho>. Acesso em: 13 nov. 2017.

MARASCHIN, M. U. (Coord). *Manual de negociação baseado na teoria de Harvard*. Brasília: Eagu, 2017.

MIRANDA, C. da R. *Principais tópicos*. Disponível em: <http://www.claudiorochamiranda.com.br/nossos-servicos/principais-topicos/>. Acesso em: 10 nov. 2017.

MORAES, F. Litigar no processo judicial pode ser mais caro do que na arbitragem. *Consultor Jurídico*, 10 abr. 2017. Opinião. Disponível em: <http://www.conjur.com.br/2017-abr-10/felipe-moraes-litigio-judicial-caro-arbitragem>. Acesso em: 10 nov. 2017.

NASCIMENTO, A. L. et al. *Guia de mediação popular*. Salvador: Juspopuli, 2007.

NOBRE, M. A mediação on-line. In: ROCHA, C. C. V.; SALOMÃO, L. F. (Coord.). *Arbitragem e mediação*: a reforma da legislação brasileira. São Paulo: Atlas, 2015. p. 255-268.

NOGUEIRA, D. F. J. O árbitro. In: MOTTA JUNIOR, A. et al. *Manual de arbitragem para advogados*. [s.l.]: [s.n.], 2015. p. 72-87. Disponível em: <http://www.oabrs.org.br/arquivos/file_55b00ab8b2e64.pdf>. Acesso em: 13 nov. 2017.

"O HOMEM é o lobo do homem", Thomas Hobbes. *Superinteressante*, 25 out. 2015. Ideias. Disponível em: <http://super.abril.com.br/ideias/o-homem-e-o-lobo-do-homem-thomas-hobbes/>. Acesso em: 9 nov. 2017.

PESSOA, F. *Ficção e teatro*. Mem Martins: Europa-América, 1986.

PESSOA, L. *Posição x Interesse*. 25 ago. 2014. Disponível em: <https://ideiasdegestao.com.br/2014/08/25/posicao-x-interesse/>. Acesso em: 13 nov. 2017.

PINTO, L. R. N. *Arbitragem*: a alternativa premente para descongestionar o Poder Judiciário. Fortaleza: Arte e Ciência, 2002.

RAIDER, E.; COLEMAN, S.; GERSON, J. Teaching Conflict Resolution Skills in a Workshop. In: DEUTSCH, M.; COLEMAN, P. T.; MARCUS, E. C. (Ed.). *The Handbook of Conflict Resolution*: Theory and Practice. 2. ed. San Francisco: Jossey-Bass, 2006. p. 695-725.

REDYSON, D. Os Analectos de Confúcio. *Religare*, v. 10, n. 1, p. 69-73, mar. 2013. Resenha. Disponível em: <http://periodicos.ufpb.br/index.php/religare/article/view/17391>. Acesso em: 9 nov. 2017.

ROBBINS, S. P.; JUDGE, T. A.; SOBRAL, F. *Comportamento organizacional*: teoria e prática no contexto brasileiro. 14. ed. São Paulo: Pearson Prentice Hall, 2010.

SALES, L. M. de M.; DAMASCENO, M. L. M. *A mediação e o poder judiciário*: resoluções dos litígios familiares nas varas de família de Fortaleza. Disponível em: <http://www.publicadireito.com.br/artigos/?cod=e3796ae838835da0>. Acesso em: 13 set. 2017.

_____. Mediação, suas técnicas e o encontro dos conflitos reais: estudo de casos. *Revista de Direitos Fundamentais e Democracia*, Curitiba, v. 16, n. 16, p. 145-165, jul./dez. 2014.

SCHABBEL, C. Relações familiares na separação conjugal: contribuições da mediação. *Psicologia*: Teoria e Prática, v. 7, n. 1, p. 13-20, 2005. Disponível em: <http://pepsic.bvsalud.org/pdf/ptp/v7n1/v7n1a02.pdf>. Acesso em: 13 nov. 2017.

SCOFIELD, C. I. *Bíblia de Estudo Scofield*. São Paulo: Holy Bible, 2009.

SILVA, V. da. *Confucionismo*. Disponível em: <http://www.sepoangol.org/confucio.htm>. Acesso em: 13 set. 2017.

SIQUEIRA, K. *Conciliação pré-processual*: método autocompositivo para resolução de conflitos judiciais. Monografia (Bacharelado em Direito) – Centro Universitário de Brasília, Brasília, 2015. Disponível em: <http://repositorio.uniceub.br/bitstream/235/8431/1/21131287.pdf>. Acesso em: 14 nov. 2017.

STORCH, S. *O direito sistêmico*. Disponível em: <https://direitosistemico.wordpress.com/>. Acesso em: 13 set. 2017.

TOTAL de advogados no Brasil chega a 1 milhão, segundo a OAB. *Consultor Jurídico*, 18 nov. 2016. Disponível em: <http://www.conjur.com.br/2016-nov-18/total-advogados-brasil-chega-milhao-segundo-oab>. Acesso em: 9 nov. 2017.

VENOSA, S. de S. *Direito civil*: teoria geral das obrigações e teoria geral dos contratos. 15. ed. São Paulo: Atlas, 2015. v. 2.

VERÇOSA, H. M. D. Arbitragem por equidade: por que temos medo dela? – breve análise no campo dos contratos incompletos. *Migalhas*, 18 maio 2016. Disponível em: <http://www.migalhas.com.br/dePeso/16,MI239411,81042-Arbitragem+por+equidade+por+que+temos+medo+dela+Breve+analise+no>. Acesso em: 14 nov. 2017.

VIA PNL. *O poder da recontextualização*. 23 dez. 2013. Disponível em: <http://viapnl.webnode.com/news/o-poder-da-recontextualiza%C3%A7%C3%A3o/>. Acesso em: 14 nov. 2017.

WANDERLEY, J. A. *Negociação total*: encontrando soluções, vencendo resistências, obtendo resultados. São Paulo: Gente, 1998.

Capítulo 1

Questões para revisão

1. e

    Nem sempre a parte que ancora uma negociação, estabelecendo um ponto de início, tem vantagem. Depende sempre da situação, do objeto da negociação e da forma como é feita a ancoragem. O mesmo ocorre com a contra-ancoragem. Lembre-se de que a técnica por si só não traz resultados, e sim seu uso correto e na situação certa. Não é a confiança que determina o que se deve fazer, mas as informações coletadas e a decisão em cada caso sobre como agir.

2. b

    Ao resolverem por si mesmas, Maria e Marta se valeram de negociação direta. Já Rômulo e Remo tiveram o conflito julgado pelo Poder Judiciário.

3. c

    O preço mínimo aceito pelo vendedor é maior do que o valor que o comprador deseja pagar. (R$ 29.000,00 × R$ 28.000,00). É possível haver acordo no valor de R$ 31.000,00, mas não acima disso. (O valor de reserva do vendedor é de R$ 31.000,00; mais do que isso, ele não aceita pagar.)

4. A negociação está baseada em posição. César tem o interesse de pagar menos pela aquisição de grande quantidade, mas quer fazer isso por uma discussão transversa, que eventualmente leve o Sr. Moreira a fazer um

desconto, mas não revela nem discute a real questão envolvida.

5. Em negociação com a empresa X, a Maana de Neusa é a obtenção do *software* por R$ 20.000,00 em 60 dias. Como Neusa precisa do *software* em 100 dias, e os prazos não são negociáveis, a empresa que entrega em 120 dias não serve para sua necessidade e não conta como alternativa. A Maana, objetivamente, é muito clara, mas há o fator subjetivo envolvido. A empresa X inspira maior confiança em Neusa, portanto, possivelmente será a escolhida se também chegar ao valor de R$ 20.000,00, mesmo demorando mais tempo.

Questões para reflexão

1. Na verdade, os meios mencionados são os usuais e abrangem tantas técnicas que suas possibilidades são muito amplas, dificilmente sendo possível conceber algo a mais. Na conciliação e na mediação, há inovações, buscando torná-las mais efetivas. Por exemplo, em 2017, a Justiça criou um programa para treinar religiosos na mediação de conflitos, com o intuito de aproximar a população desse meio de solução de conflitos. O programa foi denominado *Mediar é divino*, como você pode ler em:

CNJ – Conselho Nacional de Justiça. **Justiça treina religiosos para a mediação de conflitos.** 29 jun. 2017. Disponível em: <http://www.cnj.jus.br/noticias/cnj/85016-justica-treina-religiosos-para-a-mediacao-de-conflitos>. Acesso em: 14 nov. 2017.

Além da mediação e da conciliação, há um método psicoterapêutico, criado por Bert Hellinger, chamado *constelação familiar*, que ganhou certa popularidade ao ser aplicado por um juiz brasileiro sob o nome de *direito sistêmico*.

Pode-se conhecer esse método pelo *site* desse juiz de direito, do Estado da Bahia, Sami Storch:

STORCH, S. **O direito sistêmico.** Disponível em: <https://direitosistemico.wordpress.com/>. Acesso em: 10 nov. 2017.

A aplicação do direito sistêmico pelo juiz também foi objeto de reportagem do Fantástico:

JUÍZES usam técnica da Constelação para resolver conflitos nos tribunais. **Fantástico**. Rio de Janeiro: Rede Globo, 14 maio 2017. Disponível em: <http://g1.globo.com/fantastico/noticia/2017/05/juizes-usam-tecnica-da-constelacao-para-resolver-conflitos-nos-tribunais.html>. Acesso em: 14 nov. 2017.

2. Esperamos, com essa proposta de reflexão, que você realmente coloque, no papel ou na tela do computador, uma situação que tenha vivenciado nos mais vívidos detalhes. Inclua a percepção que você teve do conflito, a percepção que você pensa que a outra parte teve e como você vê esse conflito do passado (ou do presente) a partir da perspectiva que você vem construindo pelo aprendizado e pela reflexão. A exteriorização é importante para fixar conhecimentos e fundamentar valores.

Capítulo 2
Questões para revisão

1. b

Um exemplo da normalização, tentando trazer às partes a melhoria da comunicação, é apresentado nessa alternativa, buscando resolver o problema e tratando as partes de modo respeitoso, incentivando-as à comunicação (Azevedo, 2016). As demais alternativas trazem conceitos negativos que não devem ser utilizados.

2. a

O mediador deve apontar as vantagens de um acordo, para que as partes entendam a vantagem de estarem ali, na sessão de mediação. O conciliador pode propor soluções, o mediador não. Segundo o CPC, a conciliação é o meio autocompositivo a ser utilizado quando as partes não se conhecem; já a mediação é para quando se conhecem. O conciliador pode propor soluções, mas não decide em nome das partes.

3. a

O *rapport* é a conexão estabelecida pelas partes entre si e entre o mediador e os demais envolvidos na sessão de mediação. É utilizado para criar empatia, facilitar o contato e aproximar as partes, a fim de criar um ambiente mais propício a um acordo.

4. A abordagem utilizada pelo mediador não é correta; é maniqueísta, compreendendo que, no conflito, uma parte tem toda a razão e a outra não tem nenhuma. Ao fazer transparecer essa visão, distancia as partes do mútuo entendimento necessário para chegarem a um acordo e à construção de um relacionamento saudável, e isso vale tanto para uma mediação de negócios quanto para uma família. A atitude correta do mediador é empregar uma linguagem neutra em relação à compreensão do conflito e permitir que as partes percebam as vantagens de acordar em vez de brigar. Nesse caso, a filha sequer teve espaço para falar sobre questões importantes, tendo sido restringida desde a primeira pergunta dirigida a ela.

5. As exceções à confidencialidade, isto é, casos nos quais o que é dito poderá ser conhecido por outros, são: a disposição das partes em convencionar que o conteúdo da sessão poderá se tornar público e a informação relativa à ocorrência de crime de ação pública, que deverá ser comunicado à autoridade competente.

Questões para reflexão

1. Outra técnica para o mediador utilizar – não tratada nesta obra, que não pretende esgotar o tema – é a técnica do silêncio, trazida por Lélia Samardã Giacomet (2009, p. 11-12)[*]:

---

[*] GIACOMET, L. S. Mediação e técnicas autocompositivas. 2009. Cartilha.

O silêncio pode ser utilizado com vários objetivos no processo de resolução de disputa.

Normalmente o silêncio do conciliador provoca nas partes a reflexão, ainda que momentânea, sobre a forma como estão agindo. Neste sentido, quando uma parte dá sinais de que dará um passo importante no sentido da resolução de controvérsia (que pode ser uma concessão, o reconhecimento de um erro ou um pedido de desculpas, por exemplo), é interessante que o conciliador teste esta técnica.

Em algumas ocasiões o silêncio do conciliador provoca uma inquietação na parte e a faz concluir, após esta breve pausa, o pensamento que não estava bem estruturado no início de seu discurso.

O silêncio também pode ser usado como forma de desaprovação de um determinado comportamento. Se uma parte interrompe a outra continuamente, e, mesmo após diversas intervenções do conciliador, isso continua a ocorrer, uma simples pausa após uma interrupção da parte pode fazer com que ela mesma reconheça o erro e pare de interferir.

Já o *caucus* é outro nome para as sessões individuais de mediação: "é uma técnica que possibilita o mediador se reunir com cada parte em separado, se elas autorizarem, para verificar se estão à vontade para continuar o procedimento ou confessar alguma nova informação. Vale ressaltar que tudo que for dito neste momento é sigiloso." (Sales; Damasceno, 2014, p. 150).

2. Espera-se, com a pesquisa, que você conheça a política nacional de tratamento de conflitos conforme proposta no âmbito do Poder Judiciário.

Com seus anexos, a Resolução n. 125/2010 contém quase 30 páginas. Observe o Anexo II, que mostra a simplicidade do procedimento de solução pré-processual dos conflitos, e leia também o Anexo III, que trata do Código de Ética de Conciliadores e Mediadores Judiciais, especialmente a parte que aborda as regras do procedimento (art. 2º), a fim de conhecer a regulamentação do assunto determinada pelo Conselho Nacional de Justiça.

Como complemento doutrinário à Resolução, recomenda-se ainda consultar o *Manual de mediação judicial* (Azevedo, 2016).

Capítulo 3

Questões para revisão

1. c

   A arbitragem pode ser realizada por equidade, ser de direito ou ambas. É preciso ter capacidade para contratar. A lide levada à arbitragem só pode tratar de direitos patrimoniais disponíveis. Decidir por equidade significa decidir de acordo com senso de justiça. A arbitragem que envolva a Administração Pública será sempre de direito.

2. a

   "Pode ser árbitro qualquer pessoa capaz e que tenha a confiança das partes" (art. 13 da Lei da Arbitragem). É desnecessário ter formação jurídica, muito embora os profissionais dessa área sejam privilegiados no momento da escolha pelas partes.

3. c

   No caso II, houve o vício de consentimento coação, obrigando-se a outra parte a se submeter à arbitragem. No caso III, houve previsão de arbitragem em contrato de adesão sem o requisito legal de que fosse aposto visto específico para a cláusula de arbitragem. As outras situações estão corretas, pois houve livre manifestação da autonomia da vontade dos contratantes em como solucionar conflitos.

4. A arbitragem por equidade, por definição, permite decisões que não estão previstas no ordenamento jurídico. A Administração Pública, por ser a guardiã do interesse público, não pode se

submeter a algo que não esteja delimitado na legislação, sob pena de ferir o próprio princípio da legalidade a que está sujeita; por isso, a arbitragem envolvendo a Administração Pública será sempre de direito.

5. O árbitro que não cumpre o mandato tempestivamente, cumprindo com todas as suas obrigações previstas na lei e no contrato de arbitragem, poderá ser excluído da causa e ser responsabilizado civilmente – pelos danos causados – e por crime, se a conduta se amoldar a algum tipo penal. A responsabilização criminal pode se dar, por exemplo, se o árbitro deixar de julgar, ou julgar a destempo, por obter vantagem indevida da parte que com isso se beneficia (veja o art. 317 do Código Penal, que criminaliza a corrupção passiva).

Questões para reflexão

1. Essa questão já foi debatida nos meios acadêmicos logo depois da promulgação da Lei da Arbitragem, em 1996. Atualmente, porém, a arbitragem é aceita pacificamente, sem que o Poder Judiciário possa, em regra, interferir, reconhecendo a autonomia das partes.

A Lei de Arbitragem (Lei n. 9.307/1996) inovou o nosso ordenamento jurídico e permitiu que o Brasil ratificasse a Convenção de Nova York, um dos principais instrumentos internacionais que dispõem sobre a m5téria, versando sobre o reconhecimento e a obrigatoriedade do cumprimento de laudo (ou sentença) arbitral. Até a promulgação da lei, a convenção era incompatível com o nosso ordenamento. [...] Deve haver liberdade de escolha das partes ao optarem pela arbitragem em detrimento da jurisdição estatal, uma vez que feito o compromisso arbitral, as partes se obrigam a cumprir a decisão do árbitro, ainda que lhes seja prejudicial. (Brasil, 2010)

Assim, a arbitragem, uma vez que expressamente prevista no ordenamento jurídico brasileiro, necessita da capacidade e da consciência das partes, sendo então aceita como meio legítimo de solução final de controvérsias.

2. Um conflito trabalhista envolve questões que transbordam do mero direito individual. As normas do direito do trabalho são guiadas pelo princípio da proteção, que garantem à parte mais fraca da relação de trabalho (o trabalhador) alguns benefícios na interpretação e na aplicação da norma. Portanto, comumente se entende na doutrina (autores que trabalham o tema) que a arbitragem não se aplica às relações individuais de trabalho, porque as pessoas envolvidas no conflito não têm paridade, a igualdade necessária para a resolução do conflito fora do Poder Judiciário. Veja, a respeito, o artigo de José Alberto Couto Maciel:

MACIEL, J. A. C. Arbitragem na relação de emprego e na relação de trabalho. **Migalhas**, 22 ago. 2016. Disponível em: <http://www.migalhas.com.br/dePeso/16, MI244276,81042-Arbitragem+na+relacao+de+emprego+e+na+relacao+de+trabalho>. Acesso em: 14 nov. 2017.

Nos conflitos coletivos, envolvendo sindicatos, admite-se que é possível, porque a própria Constituição Federal traz essa previsão, no art. 114, parágrafo 1º. Nos conflitos individuais de trabalho, portanto, ainda não se vê a aplicação da arbitragem.

Por outro lado, a Justiça do Trabalho, em 2017, homologou o primeiro acordo extrajudicial feito em câmara privada de mediação. No caso, a empregada foi demitida e não pôde sacar o FGTS porque a empresa não havia depositado as parcelas nem a multa pela demissão sem justa causa. No acordo, a empresa se comprometeu a depositar o valor integral, mas de forma parcelada, em dez vezes (Batista, 2017)**. A homologação dessa mediação ocorreu porque, no final das contas, todo o direito da trabalhadora foi respeitado, apenas com o prazo diferido; caso fosse submetido a julgamento pelo Poder Judiciário, possivelmente o prazo seria maior até a resolução da demanda. É permitida a arbitragem em relações de trabalho também quando o trabalhador percebe remuneração a partir de certo valor (art. 507-A da CLT).

Houve um projeto de lei, o PL n. 6.912/2010, da Câmara dos Deputados, procurando legitimar a sentença arbitral em alguns outros casos na esfera trabalhista; foi, porém, arquivado ainda em 2010, pelo entendimento de que a arbitragem seria prejudicial ao trabalhador: "Para que a arbitragem seja justa e válida deve haver igualdade entre as partes, sob pena de a arbitragem ser imposta pela parte mais forte." (Brasil, 2010).

** BATISTA, V. Justiça do Trabalho homologa primeiro acordo extrajudicial firmado por câmara privada de mediação. **Correio Braziliense**, 5 jul. 2017. Blog do Servidor. Disponível em: <http://blogs.correiobraziliense.com.br/servidor/justica-do-trabalho-homologa-primeiro-acordo-extrajudicial-firmado-por-camara-privada-de-mediacao/>. Acesso em: 14 nov. 2017.

sobre o autor

Antoine Youssef Kamel é bacharel em Direito e pós-graduado em Direito e em Gestão Estratégica de Empresas. Além de atuar ou já ter atuado como professor em cursos de graduação ofertados pelo Centro Universitário Internacional (Uninter) e por outras instituições de ensino superior, também exerce cargos gerenciais na Uninter desde 2015. Na educação a distância, já exerceu atividades como professor regente de disciplina, autor de obra e coordenador adjunto de curso.

Os papéis utilizados neste livro, certificados por instituições ambientais competentes, são recicláveis, provenientes de fontes renováveis e, portanto, um meio sustentável e natural de informação e conhecimento.

FSC
www.fsc.org
MISTO
Papel produzido
a partir de
fontes responsáveis
FSC® C057341

Impressão: Log&Print Gráfica & Logística S.A.
Abril/2021